I知人
 cons

胶囊式传记 记取一个天才的灵魂

THOMAS MANN
HERBERT LEHNERT
EVA WESSELL

托马斯·曼 胶囊传

〔美〕赫伯特·莱纳特 〔美〕伊娃·韦塞尔 著　黄兰花 译

上海文艺出版社

目录

文本和缩写说明 　　　　　　　　　　　001

前言　　　　　　　　　　　　　　　　001

1　托马斯·曼，哥哥阴影下的局外人作家　001

2　从"解放小说"《布登勃洛克一家》
　　到"权力戏剧"《菲奥伦萨》　　　　023

3　两段爱情及其文学后果　　　　　　　043

4　《死于威尼斯》，第一次世界大战与
　　《魔山》　　　　　　　　　　　　　063

5　魏玛共和国和两部约瑟小说　　　　　083

6 流亡中的约瑟和他的作者,《绿蒂在魏玛》 109

7 在美国:第二次世界大战和
 《赡养者约瑟》 129

8 《浮士德博士》与德国的纷争 149

9 第二次移民:宽恕与欢乐的故事出现 169

后记:现代视角 193

参考书目 197
致谢 203
图片鸣谢 205

文本和缩写说明

本书旨在贴近托马斯·曼本人的语言。所有引文均取自托马斯·曼作品的最新德文版，并附有我们所选择的已出版译本的相应段落，通常选的是最新译本。如有异议，我们将用自己的译文替代；译文后用"cf."表示文本有所改动。

由于托马斯·曼的一些作品在英文中曾以不同的标题出现［比如《绿蒂在魏玛》(*Lotte in Weimar*)即《爱人归来》(*The Beloved Returns*)；《滑稽小丑》(*Bajazzo*)即《小丑》(*The Joker*)或《业余爱好者》(*The Dilettante*)］，或者完全没有翻译［比如《堕落》(*Gefallen*)］，或者只有部分翻译，托马斯·曼的日记就是这种情况，因此我们在全文中使用原德文标题，在标题首次出现时提供英语翻译，有时为了更加清晰，也会在后面附有英译。没有使用斜体的译名表示暂无英文译本。同样的规则也适用于托马斯·曼的哥哥亨利希·曼的作品。亨利希·曼是讨论托马斯·曼早年生活的重要组成部分。其他作家的作品标题均为英文。

书中所引用的托马斯·曼作品内容被纳入正文。引自新法兰克福版《托马斯·曼全集》（*Große kommentierte Frankfurter Ausgabe der Werke von Thomas Mann*）的，我们将其标示为"FA"，后面用罗马数字表示卷号，阿拉伯数字表示页码。除两卷（XXI, XXII）外，大多数有编号的卷次都由一卷正文和一卷评注组成：例如，《布登勃洛克一家》（*Buddenbrooks*）的正文卷编号为 I. I，评注卷则为 I. II。正文中按日期引用托马斯·曼的日记。由于这些日记目前由费舍尔出版社出版，共十卷，预计将作为《托马斯·曼全集》的一部分重新出版，所以现有的这些信息很快就会过时。

在引用其他版本（因为新法兰克福版仍在出版中）和所有译本时，我们在前面加了两个字母的代码，第一个字母是指作品名称，第二个字母是译者或编辑的姓氏，例如"BW"是指：*Buddenbrooks*, trans. John E. Woods。本书所选择的参考书目如下：

BM I-III: *Briefe*, ed. Erika Mann (1961-1965)

BW: *Buddenbrooks*, trans. John E. Woods (1993)

CL: *Confessions of Felix Krull, Confidence Man: Memoirs, Part I*, trans. Denver Lindley (1977)

DN: *Death in Venice and other Tales*, trans. Joachim Neugroschel (1998)

DW: *Doktor Faustus*, trans. John E. Woods (1997)

EK I-VI: *Essays*, ed. Hermann Kurzke and Stephan

Stachorski (1993–1997)

EL: *Essays of Three Decades*, trans. Helen Lowe-Porter (1947)

FA: *Große kommentierte Frankfurter Ausgabe der Werke von Thomas Mann*, ed. Heinrich Detering et al. (2002–)

GW I–XIII: *Gesammelte Werke*, in *Driezehn Bänden*, ed. Hans Bürgin (1960, 1974)

HL: *The Holy Sinner*, trans. Helen Lowe-Porter (1951)

JW: *Joseph and his Brothers*, trans. John E. Woods (2005)

LC: *Thomas Mann's Addresses Delivered at the Library of Congress 1942–1949* (1963)

LL: *Lotte in Weimar: The Beloved Returns*, trans. Helen Lowe-Porter (1990)

LR: *Letters of Heinrich and Thomas Mann, 1900–1949*, ed. Hans Wysling, trans. Don Renau (1998)

LW: *Letters of Thomas Mann*, trans. and ed. Richard and Clara Winston (1971)

MW: *The Magic Mountain*, trans. John E. Woods (1995)

NB I, II: *Notizbücher*, ed. Hans Wysling and Yvonne Schmidlin (1991, 1992)

PL: *Postmasters and Other Papers: Thomas Mann*, trans. Helen Lowe-Porter (1968)

RC: *Royal Highness*, trans. A. Cecil Curtis (1992)

RM: *Reflections of a Nonpolitical Man*, trans. Walter D. Morris (1983)

SL I, II: *Stories of a Lifetime*, trans. Helen Lowe-Porter and Willard R. Trask (1970) (Trask translated only 'The Black Swan' in vol. II)

托马斯·曼，1937 年；卡尔·范·维赫顿（Carl Van Vechton）拍摄。

前言

1875年，托马斯·曼（Thomas Mann）出生于德国北部的汉萨同盟城市吕贝克（Lübeck）；1955年，卒于瑞士苏黎世。他经历了两次世界大战，1933年民族社会主义者夺取政权时被逐出德国，短暂移居瑞士，而后于1938年移居美国，并在1944年成为美国公民。1952年，他返回瑞士，相当于第二次移民。

19世纪，高雅文学（sophisticated literature）的读者被称为**有教养的市民**（Bildungsbürger）：律师、医生、神职人员，其中许多是公务员，他们在高级中学（相当于英国的文法学校）和大学接受教育。对国家的忠诚与城市居民（Bürger）的优越感和传统自由相冲突，这一冲突导致了1848年大多数德意志公国的革命。在革命被镇压之后，尚未统一德国的王公认识到**有教养的市民**的政治意义及其对政府职能的重要性，因此给予了他们广泛的文学自由。

亨利希·曼（Heinrich Mann）和托马斯·曼为这个阶层的成员写作，用他们的语言述说他们的世界，尽管两人都没有从高级中学毕业。对他们来说，学校的课程显得陈旧过时，毫无新意，因此他们决心成为现代作家。他们都以刻苦的自学来完善自身的教育。从哥哥亨利希·曼那里，托马斯·曼了解到叔本华（Schopenhauer）包罗万象的"意志（Will）"和尼采（Nietzsche）的"生命（Life）"道德。亨利希·曼拥有叔本华和尼采的著作，这为年轻的托马斯·曼接触这两位哲学家提供了便利，而叔本华对他的影响要比对他哥哥的影响更深。因而，我们必须了解一下叔本华和尼采的哲学。

叔本华以伊曼努尔·康德（Immanuel Kant）的"先验唯心主义"（先验并非意味着接近未知，而是描述认知的条件）为出发点：空间和时间是感官知觉的形式，因果联系是秩序知识（ordering knowledge）的范畴。因为空间、时间和因果关系只发生在观察者的意识中，因此，康德得出结论，我们无法在自己的意识之外了解事物的实在性或本质。"物自体"（Ding an sich）使我们将时间、空间和秩序范畴应用于它。

但是，未知的实体能为我们建构世界吗？叔本华同意康德的观点，即我们创造的世界是我们的"表象"（Vorstellung）。但这并不是一种温和的表象。在我们的世界中，我们遇到的物体，包括我们的身体，都有存在的意志，这使世界成为一个充满争斗和竞争的地方。我们所创造的"表象"世界与我们所遇到的作为该世界组成部分的"意志"世界不可分割，一个持续争斗的世界也不可能被理解为遵循一种理性秩序。对叔本华而言,时间和空间是无限而普遍的。

尼采严厉批判叔本华对世界的悲观评价,他的人文主义强调人类的创造力,这平衡了托马斯·曼的悲观主义倾向。尼采将"权力意志"视为一种积极的生命力,却将基督教道德教义斥为奴隶道德。诸神不过是人类的发明,现代世界必须被重估。

虽然托马斯·曼的笔记本上注明他第一次阅读尼采的时间是1894年(*NB* I, 37),但他接触尼采哲学的迹象早在1893年的学生期刊上论及海涅的文章中就已显现。关于这篇文章,我们将在第一章详细介绍。托马斯·曼对尼采

吕贝克,港口风光,约1870年。

进行了批判性阅读。这位哲学家的洞察——认为所有的知识都取决于视角（perspective），不可能有绝对的形而上学的确定性——对他产生了持久的影响。早在1873年，尼采就发现，语言的世界只是由一套基于习俗的符号和隐喻所组成。在很长一段时间里，托马斯·曼的早期作品都被认为是保守主义的。事实上，这些作品一直对尼采人文主义意义上的未来和叔本华表象世界的静态观点持开放态度。他从未失去对家长式家庭秩序的偏爱，在他聪明而坚定的妻子卡蒂亚（Katia）的帮助下，这种偏爱得以平衡。在他的小说《王子殿下》（*Königliche Hoheit*, 1909）中，决定论和进步主义倾向相互对立，托马斯·曼对一个小公国进行了善意的嘲讽。

第一次世界大战后，自由资本主义民主制度取得胜利，托马斯·曼接受了温和的社会主义，希望它最终能使社会秩序人性化。1938年，在托马斯·曼一家移居美国后，他又把希望寄于富兰克林·罗斯福（Franklin Roosevelt）的新政；罗斯福去世后，美国结束了受控的战时经济，恢复了自由企业的原则，开始与苏联冷战，新政随之瓦解。1952年，托马斯·曼夫妇离开美国。

托马斯·曼的晚期论文《论契诃夫》（*Versuch über Tschechow*, 1954）集中讨论契诃夫的自我怀疑，揭示了他自身类似的感受。这篇文章与托马斯·曼的几篇宗教自白很接近，即1931年的《关于宗教的断片》（*Fragment über das Religiöse*），1950 年的《我的时代》（*Meine Zeit*）的开头，以及 1952 年的《转瞬即逝赞》（*Lob der Vergänglichkeit*）。每次他都避免提及一个人格化的上帝。在幽默小说《约瑟和他的兄弟们》（*Joseph und seine Brüder*, 1943）中，亚伯拉罕（Abraham）对至高无上的神的追寻催生了一个兼具善与恶的整体之神：传统的人格神得以保留，同时其也被证明是由人所建构。

在曼氏兄弟生活的时代，现代世界观不断扩展。物理科学摆脱了将原子视为所有物质的基本组成部分的传统观念。光的二象性（可观察到粒子和波）被扩展到所有物质：次原子粒子具有波的特性；有形世界由无形物质组成。我们在托马斯·曼的实验作品中发现的现代语言观也符合这一理解。真理取决于具体的历史语境：虽然它从来都不是绝对的，但也从来不是无法捉摸的。现代文学探索了现代世界中的生活。

1 托马斯·曼，哥哥阴影下的局外人作家

1893年4月，17岁的托马斯·曼仍就读于吕贝克高级中学，上十年级，他得知自己将无法升到下一年级。对他来说，这并非什么新鲜事儿。学校的生活使他厌烦，他也疏于完成作业，因为总有更迷人的东西吸引他去学。他的榜样是比他年长四岁的哥哥亨利希·曼，后者已在成为作家的路上小有成就。不久前，亨利希·曼开始阅读哲学，弟弟也依样学样。托马斯·曼很想逃离这所令人生厌的学校，可为了能豁免一年的义务兵役，他又必须升级。因此，他不得不再上一年学。

不过，眼下，他正在度假，还可以专注于与朋友们一起创办的学生杂志。他将杂志命名为《春天的风暴！》(*Der Frühlingssturm!*)。在创刊号上，他写道："是的，正如春风席卷尘封的大自然，我们的文字和思想也会击碎故步自封的心灵以及阻碍我们的、膨胀的愚昧无知。"(*FA* XIV.I, 18)

第一期《春天的风暴！》现已遗失，但一位保存了该期

手稿的同学在一篇纪念文章中引用了托马斯·曼评论亨利克·易卜生（Henrik Ibsen）剧作《建筑大师》（*The Master Builder*）的文章中的两句话。年轻的托马斯·曼从剧作中找到"健全的良知"（robust conscience）这个词，并将它作

托马斯·曼与兄弟姐妹亨利希、卡拉（Carla）和朱莉娅（Julia）在吕贝克，约1885年。

为自己不做作业的借口（FA XIV. I, 19）。"健全的良知"是易卜生晚期剧作的核心主题，他以此对早期剧作中所讨论的现代性提出质疑。极具争议的作品之一就是两年前在吕贝克剧院上演的《玩偶之家》（A Doll's House）。托马斯·曼常去看戏，不管是否得到允许。因此，他不会错过这部质疑传统家庭，鼓励他反对"故步自封的心灵以及膨胀的愚昧无知"的戏剧。

1893年的5月中旬至7月3日，哥哥亨利希·曼与家人一起住在吕贝克。后来，他向朋友路德维西·伊渥斯（Ludwig Ewers）抱怨说，这段时间他没能专心写作，时间都花费在托马斯·曼身上了。[1] 出于对诗人海因里希·海涅（Heinrich Heine）相同的爱，兄弟俩建立起亲密关系。自1891年1月以来，亨利希·曼就对弗里德里希·尼采那些批驳和违背既定世界观的著作产生了浓厚的兴趣。[2] 从托马斯·曼发表在第二期《春天的风暴！》上的文章《海因里希·海涅，一个"虔诚的"人》（Heinrich Heine, der "Gute"）中可找到他与哥哥分享这些新思想的证据。在这篇文章中，他极力反对某位路德派牧师在柏林一家报纸上评论他们所喜爱的诗人时所采用的道德标准。这位牧师认为，海涅是一位虔诚的基督徒。但年轻的托马斯·曼却认

---

[1] Ulrich Dietzel and Rosemarie Eggert, eds, *Heinrich Mann, Briefe an Ludwig Ewers, 1889 -1913* (Berlin, 1980), p. 343. 亨利希·曼的第一部小说《在一个家庭里》（*In einer Familie*, 1894) 并不成功。
[2] Ibid., p. 202.

为海涅既不"虔诚",也不是"基督徒",而是"伟大的人"。在他看来,如尼采所言,像"虔诚"与"亵渎"这样的概念只具有社会意义;它们像"上"与"下"这样的概念一样,是相对的。这位叛逆的学生认为,资产阶级社会

左为托马斯·曼的母亲朱莉娅·曼-达·席尔瓦(Julia Mann-da Silva),19 世纪 90 年代。

所谓的道德美德只不过是利己主义和基督教道德的混合物（*FA* XIV.I, 21-23）。亨利希·曼还研究过叔本华，他肯定也向弟弟分享了这一兴趣。

兄弟俩的关系并不总是如此和谐。在亨利希·曼与朋友伊渥斯的通信中——这些信件向我们展示了许多关于亨利希·曼阅读和文学自我教育的情况——我们可以看到他对14岁正学写诗的托马斯·曼居高临下的评论。托马斯·曼天真地给一位同学写了情诗，受邀评论这些情诗的亨利希·曼困扰于其中的同性恋内容，宣称这些作品一文不值。半年后，即1890年11月，亨利希·曼再次评价他弟弟的抒情诗毫无价值，还让伊渥斯向托马斯·曼转达一个词："愚蠢（Blödsinn）"。[1] 托马斯·曼必定很受伤。不过，到1893年，他创办的《春天的风暴!》杂志倒让亨利希·曼刮目相看。但是，托马斯·曼很可能永远不会忘记这些蔑视。

倘若托马斯·曼和亨利希·曼的父亲还健在，他一定不赞成儿子创办学生刊物。他希望两个儿子都能专注于学业。尽管他本人只受过少许正式教育，但自学成才的他已具有相当程度的文学修养。他被同僚推选为参议院议员（参议院是这个城邦的管理机构），并让他的大儿子学习法律。而二儿子，他决定让其从事贸易，也就是说，托马斯·曼将接替他成为公司的负责人。让这位参议员感到失

---

[1] Ulrich Dietzel and Rosemarie Eggert, eds, *Heinrich Mann, Briefe an Ludwig Ewers, 1889-1913* (Berlin, 1980), pp.106-109, 195.

"贝克格鲁伯之家",1883年后曼家族的住所。

望的是,他这两个年长一点的儿子对他规划的家族企业的未来兴致索然,甚而亨利希·曼是否具备成为一名成功作家的天赋也令他怀疑。在他看来,彻底而正式的学习是必要的,但他二儿子的学习成绩让人忧心忡忡。

1891年,曼参议员去世,是时托马斯·曼16岁,亨利希·曼20岁。在遗嘱中,这位父亲下令解散公司,要求由遗嘱执行人而非他的遗孀来管理变卖公司所得的资产。参议员之所以如此安排,可能是担心妻子会过分溺爱孩子。他特别交代遗嘱执行人阻止亨利希·曼成为作家,而执行人也把这条遗嘱用于托马斯·曼。

托马斯·曼追随亨利希·曼的志向,想成为一位现代作家。19世纪90年代初,亨利希·曼就阅读了维也纳小说家和评论家赫尔曼·巴尔(Hermann Bahr)的作品,后者将一种新的写作风格从巴黎带给说德语的文人。领导这场运动的是法国小说家保罗·布尔热(Paul Bourget)。亨利希·曼将布尔热的后自然主义(post-naturalist)、印象主义(impressionistic)和心理学风格运用到他的第一部小说《在一个家庭里》(*In einer Familie*, 1894)。

布尔热在小说里用大量笔墨描写"半吊子文人"(dilettantes),这些人继承了父辈的财产,却终日沉迷于现代都市世界的诱惑,没有将精力投到任何具体的事情上。布尔热日益增长的保守主义观念让他反对这种不合时宜的现代生活方式。曼氏兄弟的家境远不如布尔热小说中的半吊子文人，但他们也逃避从事一种实用的职业，远离社会意义上的相互交换。他们将业余爱好作为安身立命之道。亨利希·曼发表于1893年的小说就以一位富有的半吊子文人为主人公。据托马斯·曼早年的一本笔记记载，他曾研究布尔热、巴尔、业余艺术家和新写作风格的作品（*NB* I, 17, 51）。他在《春天的风暴！》上曾发表一首散文诗《异象》（*Vision*），借用了亨利希·曼的一首诗的背景，不过，托马斯·曼把它转化成印象派的散文，并献给赫尔曼·巴尔。

1894年春，托马斯·曼迁居慕尼黑，曼参议员夫人在那儿租有一套公寓。父亲公司解散后的剩余资产所得的利息可为兄弟俩提供一小笔生活津贴，足够他们应付简朴的生活和旅行。父亲的遗嘱还规定他们要从事一个具体的职业。因此，托马斯·曼到一家保险公司当学徒，可他厌恶这份工作，很快便辞职不干了。他通过参加慕尼黑大学的讲座来学习新闻学的想法也没能持续多久。他只想着一件事，那就是写作。

想要成为一名现代作家，必须深度浸淫于欧洲文学。亨利希·曼拥有一套格奥尔格·布兰迪斯（Georg Brandes）的《19世纪文学的主要流派：在哥本哈根大学的讲座》（*Main Currents In Nineteenth Century Literature: Lecture at the Copenhagen University*），书中讨论了法国、德国和英国的作家。托马斯·曼读完了全部六卷。后来，在1900年，他自己也购买了一套，并持续研读。这一时期，从某种程度上说，他与亨利希·曼一样对布尔热以及法国文学和历史感兴趣。不过，托马斯·曼似乎不愿表露出早年受他哥哥的影响有多大，而他对自己早期研究的一些评论也低估了法国对他的影响。但是，我们可以肯定的是，他通过阅读埃米尔·左拉（Émile Zola）和龚古尔兄弟（the brothers Goncourt）以及古斯塔夫·福楼拜（Gustave Flaubert）的作品而获益匪浅。

亨利希·曼不太喜欢北欧文学，尽管它们在19世纪90年代的德国相当流行。相比之下，托马斯·曼则阅读了大量

托马斯·曼（右）与亨利希·曼在慕尼黑，约1900年。

斯堪的纳维亚作家的翻译作品：易卜生的戏剧，挪威商人家族的小说，延斯·彼得·雅各布森（Jens Peter Jacobsen）的小说《尼尔斯·伦奈》（*Niels Lyhne*），克努特·汉姆生（Knut Hamsun）的局外人小说。有了这一偏好，他得以从哥哥那种对法国和意大利文化沉迷的状态中抽离出来。

尽管他知道并同意现代文学必然是后浪漫主义的（post-Romantic），但他还是选择将诺瓦利斯（Novalis）、弗朗兹·布伦塔诺（Franz Brentano）、弗里德里希·施莱格尔（Friedrich Schlegel）和 E. T. A. 霍夫曼（E. T. A. Hoffmann）列入自己的阅读清单。德国浪漫主义一直是他的心头好，并影响着他的写作。还有歌德（Goethe）：1894 年的一个早期笔记本上记录了他对歌德的仰慕之情。当时，托马斯·曼读了约翰·彼得·艾克曼（Johann Peter Eckermann）的《歌德谈话录》（*Conversations with Goethe*），此后他还多次研读。

他在吕贝克求学时就迷上了理查德·瓦格纳（Richard Wagner）的音乐，这是一项持久的教育经历。汉诺·布登勃洛克（Hanno Buddenbrook）对《罗恩格林》（*Lohengrin*）欣喜若狂的反应无疑是自传式的表达。尼采在《瓦格纳事件》（*The Case of Wagner*）中的批判观点一定程度上抑制了他对瓦格纳的热情；阅读这篇论文既让他愉快，又使得他对瓦格纳保持着批判性的距离。

在慕尼黑的第一年，托马斯·曼写下了他的第一部小说《堕落》(*Gefallen*, 1894)。故事情节围绕着主人公与一位女演员的恋情展开，女演员的原型是年轻的艾达·霍夫曼（Ida Hofmann），托马斯·曼曾多次到慕尼黑皇家剧院看她的演出。他给她写了一封信，请求见一面，这封信被保留了下来。艾达没有回信，年轻的托马斯·曼倒是写了一个成功的婚外情故事。

不过，这并非写《堕落》的唯一动机。另一个动机来自亨利希·曼未发表的故事《摇摇欲坠》(*Haltlos*)，这个小说展示了资产阶级社会的道德是如何依赖于一个人的物质条件。有一次，在参观一个妓院时，主人公一度想知道自己是否应该像一个"堕落"的女人那样认为自己"堕落"了。

《堕落》在很大程度上已被遗忘，或者说至少被低估了。托马斯·曼本人也未将这篇小说收录到任何小说集中。但它表明，19岁的托马斯·曼是他所处时代道德变化的观察者，而这些变化在21世纪仍继续存在。他从一开始就是一名现代主义作家，不是那种追求与众不同风格的先锋派作家，而是那种关注社会环境变化的作家。

在一次波西米亚式的晚宴上，一位理想主义的、有进取心的学生问，就像亨利希·曼《摇摇欲坠》中的主人公那样，一个滥交的男人是否也该被称作"堕落"。当时还是学生的塞尔顿医生（Doktor Selten）曾给一位年轻女演员写过一封信，称赞她的表演，并赢得了她的芳心。然而，当这个女人成了一名高级妓女时，这位医生的自由恋爱就结束了，他声称她需要钱，而资产阶级的美德与她的职业不匹配。这位医生承认他讲的是自己的故事，并总结说："一个女人今日可以因爱情而堕落，那么，明日，她就会为了金钱而堕落。"(*FA* II. I, 49) 虽然他的话听起来愤世嫉俗，厌恶女性且一锤定音，但文本反驳了这一判断。花瓶里的紫丁香的芬芳激起了主人公的回忆，因为紫丁香开在他去找爱人的路上：他仍然珍视他的爱情。年轻的作家以一种矛盾的笔调结束了他的故事。这种矛盾心理后来成为托马斯·曼文学创作的一个特征。

《堕落》属于一场要求坦率表达性问题和性感受的文学运动。萧伯纳（George Bernard Shaw）的剧本《华伦夫人的职业》(*Mrs Warren's Profession*) 写于 1893 年，1902 年被禁。在美国，斯蒂芬·克莱恩（Stephen Crane）的《街头女郎麦琪》(*Maggie: A Girl of the Streets*) 于 1893 年出版。《堕落》在完成的当年，即 1894 年发表在新文学杂志《社会》(*Die Gesellschaft*) 上。

从 1894 年到 1901 年《布登勃洛克一家》发表期间，托马斯·曼的写作技巧有所提升。一个很重要的信息来源是他与奥托·格劳托夫（Otto Grautoff）的通信。格劳托夫与托马斯同年完成学业，之后在勃兰登堡（Brandenburg）小镇的一个书商那里当学徒。从托马斯·曼写给格劳托夫的信中，我们可以了解他是如何处理自己的同性恋倾向的。

遗憾的是，这些通信并不完整：格劳托夫的回信已失佚，有些信函可能因为内容令人尴尬而被修改过。格劳托夫爱他的朋友。

托马斯·曼一直被同学们吸引着。他的第一次同性恋经历是 14 岁左右时与一位同学的激情。他给这位朋友写了一首表达爱意的诗。这首诗被冷淡地拒绝了（*BM* III, 387）。第二次，他爱上了学校里一位相熟的人，他学会了更加谨慎的表达。他只是向爱慕对象借了一支铅笔，这一情节后来成为写作《魔山》（*Der Zauberberg*，1924）的一个主导动机（*FA* V.I, 183-189; *MW*, 117-119）。

托马斯·曼只有在格劳托夫的陪伴下才能分享他的激情，但有时他也会对其表现出居高临下的姿态。当同样渴望从事文学事业的格劳托夫分享自己的写作尝试时，托马斯·曼宣称这些努力有些前途，但还不够。这种贬损似乎是有必要的，因为这让他觉得自己比格劳托夫优秀。他也可能借此摆脱面对亨利希·曼时的自卑感。同时，他可能还想向格劳托夫和自己证明他能够控制自己的同性恋倾向。

格劳托夫向他的朋友吐露心声，告诉他自己对图书行业的不满，曾考虑从事演艺事业。托马斯·曼以讽刺的口吻建议格劳托夫出演莎士比亚《罗密欧与朱丽叶》（*Romeo and Juliet*）中的朱丽叶，暗示他可能天生就擅长在独白中表达女主角的性欲。格劳托夫一定是在吕贝克的家中向托马斯·曼表达了他的爱慕之情。

有时候，托马斯·曼可以向格劳托夫保证他最亲密的友谊，称他是唯一一个可以毫不羞愧地交流的人（FA XXI, 42, 49-50）。但当他的朋友考虑进行催眠治疗时，他却忧心忡忡。格劳托夫曾咨询了心理学家阿尔伯特·莫尔博士（Dr Albert Moll）的助手，托马斯·曼读过后者关于同性恋的书。[1] 他对格劳托夫与柏林精神病学学派成员的接触感到担忧，这些成员经常将个案研究公之于众：格劳托夫的情况有可能被纳入此类研究，从而暴露他的身份。不过，他自己从未考虑过接受治疗。1895年初夏，他与格劳托夫通信，商讨访问柏林的事宜。尽管他的朋友很热情，托马斯·曼还是突然改变了计划，前往罗马（Rome）与亨利希·曼待在一起。格劳托夫的爱慕之情令他有些发怵。

亨利希·曼被聘为《二十世纪》（*Das Zwanzigste Jahrhundert*）月刊的编辑。虽然这份刊物在柏林出版，但他可以选择在任何地方开展编辑工作。该刊物在政治上属于保守主义、民族主义和反犹太主义，但它渴望涵盖更广泛的文化领域。亨利希·曼似乎接受了这份期刊的普遍偏见，希望借此强调其文化趣味因素，并获得新闻工作的经验。但不久，月刊就刊登了他的一些粗暴的反犹评论。这些评论超出了兄弟二人所属的社会阶层中普遍存在的偏见，可能是迫于刊物的所有者或投资者的压力而写。托马斯·

---

[1] 1895年6月25日的信件。该信存于苏黎世瑞士联邦理工学院托马斯·曼档案馆。

曼帮哥哥给刊物提供稿件；他写了几篇评论，在一定程度上遵循了报纸的偏见。私下里，两兄弟都把犹太公民视为"他者"（Others），但他们既不是党派人士，也不是积极的反犹太主义者，并且两人都娶了有犹太背景的女人为妻。

在托马斯·曼前往罗马与哥哥会合之前，他游览了威尼斯和意大利中部的一些地方。他在 1894 年至 1895 年首次访问意大利期间所写的几篇文章没有保存下来。我们从他给格劳托夫的信中知道了一些短篇小说的标题。可能是托马斯·曼销毁了它们，因为它们入不了亨利希·曼的法眼。这些遗失的故事之一《相遇》（*Begegnung*），于 1896 年底或 1897 年初他在威尼斯逗留时被改写成了小说《幻灭》（*Enttäuschung*; FA II. I, 79—86; SL I, 29—34）。

叙述者在威尼斯圣马克广场（St Mark's Square）度过了一个"无比明亮、充满快乐氛围"的早晨，就像尼采在《我的幸福》（*My Happiness*）一诗中所描写的那样；这首诗出自《快乐的科学》（*The Gay Science*）中的《自由鸟王子之歌》（Songs of the Prince Vogelfrei）。一个讲德语的陌生人抱怨着他对生活的失望，这恰好反衬出叙述者的欢乐时刻。他在一个牧师家中长大，吸收了布道坛上的二元对立修辞，希望用类似善与恶这样僵化的二元论来解释这个世界。这种基本信仰已丢失，取而代之的是诗人话语中的宏伟期望。但现实却让人失望。海洋的视野受到地平线的限制，但即使在地平线之内，幻灭感也依然存在；看不到事物的真实本质。"它究竟是什么?"这是他一再提出却找不到答案的问题。这个小说反映了现代性基本信仰的缺失,人们需要与矛盾和许多不可知的事物共存。这个陌生人遭受着叔本华悲观主义的折磨,而叙述者则享受着尼采"威尼斯式"的快乐。这篇小说收录在托马斯·曼的第一本小说集《小个子弗里德曼先生》(*Der kleine Herr Friedemann*, 1898)中。

托马斯·曼发表的第二篇小说是《追求幸福的意志》(*Der Wille zum Glück*, 1896)。这个故事并没有影射尼采的"权力意志";相反,它质疑了艺术家对普通资产阶级生活的渴望,对他而言,这种生活是不被允许的。一个艺术家必须是世外高人,他不应该追求一般的幸福。故事以第一人称讲述,叙述者观察保罗·霍夫曼(Paolo Hofmann)——他学校的朋友,也是个局外人。他的局外人身份以患有一种心脏病为标志,他通过献身于绘画艺术来维持生命。然而,当他爱上一个迷人的犹太女人时,他的绘画天赋便消失殆尽。当叙述者和保罗一起拜访其挚爱时,他观察到保罗的情欲冲动。保罗的面容看似平静,却像一只潜伏的动物,随时准备出击(*FA* II.I, 55, 57; *DN*, 7, 9)。叔本华的"意志"在作祟。当保罗在等待结婚许可时,他设法将自己的意志集中在他的生存上,一旦结婚,他就死了,实际上他就死在新婚之夜。这个故事的一个基本前提是,情爱欲望——这个"意志"的产物——可以转化为艺术。

将性欲冲动转化为艺术的主题似乎与弗洛伊德（Freud）的升华（sublimation）概念相似，但它并非由此衍生而来，也不涉及潜意识。弗洛伊德和托马斯·曼都受到了叔本华的影响。直到1925年，托马斯·曼才开始阅读弗洛伊德的作品。

《追求幸福的意志》发表在1896年的《痴儿报》（*Simplicissimus*）上，该杂志是朗根出版社（Langen Publishing House）创办的文学周刊，托马斯曾担任这本杂志的编辑。

尽管《堕落》一炮而红，但托马斯·曼还是花了好几年时间才建立起自己的作家声誉。他有两篇已完成的手稿未能成功投给杂志社。第一个故事名为《沃尔特·韦勒》（*Walter Weiler*），是一个年轻人的虚构日记，他将自己变成一个局外人，并在1897年将它改写为《滑稽小丑》（*Der Bajazzo*）。[1] 故事讲述的是一个年轻人决定靠遗产独自生活，但当他被一个女人吸引时，他对生活的傲慢和超脱变成了一种不幸。另一份手稿《小个子教授》（*Der kleine Professor*），写于《堕落》之后，可能被改写成了《小个子弗里德曼先生》（1897）。

约翰内斯·弗里德曼（Johannes Friedemann）因畸形而

---

[1] 海伦·洛·波特（Helen Lowe-Porter）选择的标题是《业余爱好者》（*The Dilettante*）；戴维·卢克（David Luke）选择的标题是《小丑》（*The Joker*）。*'Death in Venice' and other Stories by Thomas Mann*, trans. David Luke (New York, 1988).

被迫成为局外人,他是一个驼背,因醉酒的护士将他从护理台上掉下来所致。托马斯·曼在易卜生的戏剧《小伊奥尔夫》(Little Eyolf)中找到了一个因跌倒而残疾的孩子的母题,这部剧表现了女性的性欲与责任之间的冲突。托马斯·曼从西奥多·冯塔纳(Theodor Fontane)的小说《艾菲·布里斯特》(Effi Briest)中汲取了另一个母题,他在1895年[1],也就是小说出版的当年读了这篇小说(FA XXI, 73)。吉舒布勒(Gieshübler)不敢去爱,因为他是个畸形人,几乎是驼背,与弗里德曼一样,把享受艺术作为对失去爱情的补偿。冯塔纳让吉舒布勒过着令人满意的生活,而托马斯·曼的主人公则证明,对艺术的热爱无法弥补爱情的缺失。[2]

弗里德曼爱上了格尔达(Gerda),一个被镇上的女人所鄙视的解放了的外来者。在理查德·瓦格纳的歌剧《罗恩格林》上演时,格尔达玩弄了弗里德曼的痴情,并在她家的一个聚会上继续这样做。当她询问弗里德曼的情况时,弗里德曼放弃了克制,向她表明爱意。但她不想和一个瘸子恋爱,于是便把他推倒在地。遭到拒绝后,弗里德曼躺在地上,爬到河边,把上半身移到浅水区。他放弃了求生

---

[1] 原文错写为"1985年"。《艾菲·布里斯特》初稿完成于1890年,1895年出版。(译注)
[2] Hans R. Vaget, 'Thomas Mann und Theodor Fontane: Eine rezeptionsästhetische Studie zu "Der kleine Herr Friedemann"', *Modern Language Notes*, XC(1975), pp. 448 - 471.

的意志，溺水而亡。托马斯·曼让弗里德曼进入叔本华"意志"的无时间、无空间的境界，进入他曾称之为叔本华原则的"世界之基（Weltgrund）"（*EK* IV, 254）。[1] 然而，叔本华认为，一个人献身于艺术就否定了"意志"，从而使人摆脱苦难，但这一观点对小个子弗里德曼先生并无助益。

托马斯·曼的小说《约瑟在埃及》（*Joseph in Ägypten*, 1936）中有一段文字将姆特-埃姆-埃内特［Mut-em-enet, 波提乏（Potiphar）的妻子］对约瑟的激情与《死于威尼斯》（*Der Tod in Venedig*, 1912）和《小个子弗里德曼先生》联系起来。叙述者（作为作者的代言人）解释说，这三个段落表达了灾难（Heimsuchung）这一母题：爱情以毁灭性的力量闯入井然有序的生活。灾难是托马斯·曼写作的基本母题，揭示了他一生的弱点。约翰内斯·弗里德曼，也许还有格尔达，都饱受压抑情欲之苦。托马斯·曼在写给奥托·格劳托夫的两封信中，提到了他对《小个子弗里德曼先生》很满意。这个故事让他可以通过形式和面具来表达自己，枷锁也随之脱落（*FA* XXI, 89, 95 - 96）。1896年2月，托马斯·曼告诉格劳托夫，他烧毁了自己的秘密日记，并建议其他也这么做（*FA* XXI, 73）。如今，他可以在虚构的故事中讲述自己的困境，而不必担心暴露自己。

1896年9月，《小个子弗里德曼先生》写毕（*FA* XXI,

---

[1] 海伦·洛·波特（*EL*）将"Weltgrund"译为"普遍的基础"（universal foundations）。

78)。作者将手稿寄给了《新德意志评论》(*Neue deutsche Rundschau*),这是一个进步。这本具有崇高文学抱负的杂志归柏林的塞缪尔·费舍尔出版公司(the publishing firm Samuel Fischer)所有。1897 年,该出版社出版了这个故事。塞缪尔·费舍尔(Samuel Fischer)本人也对这位新作者产生了兴趣。

1896 年 10 月,托马斯·曼再次前往意大利。在威尼斯逗留了两周后,他于 11 月底在罗马安顿下来,并租了一间自己的公寓。兄弟俩仍保持联系,而亨利希·曼很可能恢复了他原来的导师角色。当托马斯·曼到达罗马时,亨利希·曼正在写作《一位慈善的女人》(*Eine wohltätige Frau*;生前未发表)。在这个故事中,一个摆脱了传统束缚的女人嫁给一个阳痿的男人,其目的是欺骗那些好色的男人。托马斯·曼的中篇小说《小露易丝》(*Luischen*)写于 1897 年夏天,其中的大部分内容沿袭了亨利希·曼所描写的这对假夫妻的主题。很久以后,托马斯·曼提到,《小露易丝》是第一个打动亨利希·曼的故事,这表明托马斯·曼的哥哥一定评论过他的早期作品(*FA* XXI, 386f.; *LR*, 90)。

《小露易丝》的叙述者与所讲述的故事之间保持着明显的距离。主人公阿姆拉(Amra)以嫁给一位阳痿的丈夫来掩盖自己的风流韵事。她的名字是一个交际花(hetaera)的名字,源于佛陀故事中的一个高级妓女,托马斯·曼那时对她的生活产生了兴趣。阿姆拉羞辱了她深爱着却又阳痿畸形的丈夫雅各比（Jacoby），强迫他在公开场合扮成一个淫荡的年轻女子表演舞蹈。受害者的缺点被怪诞地颠倒了过来，逗乐了在场的朋友。阿姆拉的情人在为雅各比的舞蹈谱曲时，将理查德·瓦格纳的音乐剧《特里斯坦与伊索尔德》（*Tristan und Isolde*）中的一些小节融入了他原本平庸的作品中。听到爱情剧中的音乐，雅各比突然意识到自己被背叛的现实，当场死去。

托马斯·曼将这篇小说投给出版商时遇到了困难；《新德意志评论》无意发表。该小说最终于1900年发表在《社会》上，与发表《堕落》的是同一家杂志。1903年，这篇小说收录在小说集《特里斯坦》（*Tristan*）。

同样写于1897年夏天的《托比阿斯·敏德尼科尔》（*Tobias Mindernickel*）讲述的是一位作者在文学事业受挫后对自己晚年生活的自嘲。托马斯·曼用自己名字的首字母来形容主人公的性格，却用缩略词来贬低他："minder"意思是小人物，"nickel"是一种小额硬币。敏德尼科尔买了一只狗做伴，取名为以扫（Esau）——这是《创世记》中雅各（Jacob）的孪生兄弟的名字，以扫比他大几分钟，声称拥有长子的权力——随后将狗卖给雅各。敏德尼科尔很喜欢这条狗，但要求其绝对服从，最终狗因不听话而被杀死。敏德尼科尔对自己的行为追悔莫及，像《马太福音》（*Matthew*，26：75）中的圣彼得（St Peter）一样"痛苦地"

哭泣。德语的"痛哭流涕（weinte bitterlich）"（*FA* II. I, 192; cf. *DN*, 62）让人想起约翰·塞巴斯蒂安·巴赫（Johann Sebastian Bach）《圣马太受难记》（*St Matthew Passion*）中的一段宣叙调：彼得（Peter）因为背叛了主而失声痛哭。这只狗被叫作以扫和最终被杀可能暗示了兄弟俩之间的关系，即到1897年，兄弟俩的关系已经开始紧张。1898年，《托比阿斯·敏德尼科尔》发表在《新德意志评论》上，同年被收录到小说集《小个子弗里德曼先生》中。

2 从"解放小说"《布登勃洛克一家》到"权力戏剧"《菲奥伦萨》

1897年6月,托马斯·曼的出版商塞缪尔·费舍尔写信鼓励他写一部小说。那年夏天,他一边写小说,一边将自己的想法和对家庭的回忆记录在笔记本上,打算写一部关于一个家庭衰落的小说。他刚刚目睹了这样的衰落:家族企业解体,损失惨重。这对儿旅居罗马忙于写作的兄弟是否对家族命运感到内疚?他们是否应该留在吕贝克,学习批发贸易,继续经营家族企业?然而,这兄弟俩早已不再是吕贝克的商人,不再是高贵的市民。作为作家,他们希望加入受过教育的市民阶层,即有教养的市民,并讲述他们的故事。托马斯·曼找到了一种远离负罪感的方式:创立一个传承几代人的家族企业,随着时间的推移,企业的负责人厌倦了商业生活,于是企业破产。衰落、颓废和堕落是当时年轻作家的时髦话题,他们质疑其父辈的权力和资产阶级传统。

《布登勃洛克一家》以8岁的安冬妮·布登勃洛克

(Antonie Buddenbrook，小说里叫她"冬妮")学习马丁·路德（Martin Luther）的小教理问答（Small Catechism）为开场。小说开篇的第一句话是："Was ist das"（"接下来是什么"，没有带问号：*FA* I.1, 9；*BW*, 5）。冬妮刚刚背诵了信仰的第一条：我相信，上帝，即造物主。接着，她又磕磕绊绊回答起了这句话的含义。小冬妮的祖父让她背诵教义问答，意在嘲弄上帝创造了房屋、土地和食物的说法。他开玩笑地提议与她做生意，并指出在现代社会这些东西都可以被当作商品进行买卖，它们不再被尊为上帝的创造物。

小说结尾处，冬妮对基督教关于永生的承诺产生了怀疑，而这种永生的承诺通常被理解为来世的一次重聚，一场重逢。只有年迈的老师塞色密·卫希布洛特（Sesemi Weichbrodt）肯定了这一希望。她已经从理性的老师提出的诸多疑虑中挣脱出来。"确实如此。"她挺直腰板，宣告道（*FA* I.1, 837；*BW*, 648）。这是在回答开篇的问题"接下来是什么"吗？或者说，读者应该以反讽的眼光看待她与理性的斗争？关于这个问题的答案，留给读者自行判断。

约翰·布登勃洛克是这个大家庭和家族企业的掌舵者，现年70岁。他大大提升了家族企业的市值，这一点从小说第一部分布家庆祝乔迁豪宅便可看出。他的行为举止和蔼可亲，他那张带着善意的脸似乎无法表达恶意（*FA* I.1, 10；*BW*, 6）。但当庆祝晚宴结束后，他变得判若两人。他把自己头婚生的儿子高特霍尔德（Gotthold）逐出家门，因为他违背自己的意愿娶了一位店主的女儿。老布登勃洛克野心勃勃，认为自己的家族应跻身这个城市市民家族的顶层。

为了巩固自己的市民地位，约翰·布登勃洛克在城里最好的地段购置了豪华宅邸。这座豪宅必然被当作公司的办公场地，也将成为他的商业伙伴和继任者——二儿子，也叫约翰或吉恩（Jean）——遗产的一部分。对此，高特霍尔德写信要求对减少的继承权进行赔偿。但老布登勃洛克拒绝了。要是他支付了赔偿，家庭便可回归安宁，但公司将失去资本，而爱绝不能成为金钱的绊脚石。他本人就为了嫁妆才迎娶第二任妻子，并坚持要求二儿子娶城里最富有人家的女儿。

与信奉启蒙运动的老布登勃洛克形成鲜明对比的是，他的二儿子已成为一名基督教信徒。老布登勃洛克与吉恩讨论高特霍尔德索要赔偿的那一幕表明，他们对家产潜在损失的担忧远远超过了对家庭安宁的担忧；高特霍尔德需要钱为三个适婚女儿置办嫁妆，但他仍将是一个被遗弃的人。老布登勃洛克的决心，以及年轻的布登勃洛克对公司福祉的一心一意，为我们所称的"勤勉市民（hard burgher）"确立了标准：商人的决策动机受利益所驱，而不考虑人的痛苦。在《布登勃洛克一家》中，扮演"勤勉市民"的必要性是一个重要主题。

1883年前位于吕贝克孟街的曼家族宅邸——这也是小说《布登勃洛克一家》大部分故事的发生地。

吉恩接管批发业务以来，便以公司受上帝庇护的信念来经营。当一个商人向他的女儿求婚时，他轻易就答应了；这位求婚者是一位牧师的儿子，以虔诚的基督徒自居。当冬妮拒绝求婚时，她的父亲甚至请来了教会的牧师劝诫反抗父母之命的年轻姑娘。然而，这个追求者却只是为了嫁妆，几年后便破产了。他的岳父能够救他，但这笔必要的救助金会让布登勃洛克公司元气大伤。小说中最让人触目惊心的场景之一是，当吉恩发现自己的女儿从未爱过自己的丈夫时，他如释重负。如此一来，他更容易抛弃自己的女婿，即使这意味着要解除一桩基督教婚姻（*FA* I.I, 237-239；*BW*, 191-193）。吉恩履行了一位"勤勉市民"的责任。

吉恩的商业意识战胜了他的基督教情怀。也许更糟的是，这让他忽视了女儿的感受。在波罗的海的特拉夫门德（Travemünde）度假时，她和莫尔顿·施瓦尔茨考甫（Morten Schwarzkopf）在一起的场景是小说中最动人的部分。在其中一个场景中，这对恋人望着大海，望着无边无际延伸出去的地平线。他们把眼前的美景看作是摆脱资产阶级限制的自由的象征（*FA* I.I, 153; cf. *BW*, 124）。但这位医学生出生于中产阶级家庭，冬妮的父亲并不打算把女儿的感情当回事。在他的压力下，冬妮为了布登勃洛克家族的成功和荣耀牺牲了自己。

冬妮将自己对莫尔顿失意的爱永久保存，在整个叙事过程中，她回忆并反复吟诵着他说过的话。显然，在她的青年时代，她有机会通过与受过教育的情人和丈夫的交往而提升才智；但她嫁给了一位冷漠的男人，这注定了她一生无所事事。她的局限性有时是很滑稽的，却构成了一种控诉：她被迫接受的婚姻限制了她的发展。

冬妮的哥哥托马斯（Thomas），亦即公司的继承人，将成为城里的参议员，成为市政府的一员，从而提振家族的声誉。他自己也在家族声誉的祭坛上做出了牺牲。托马斯爱上了花店的女店员安娜（Anna），他们两情相悦，情投意合。不过，两个人也都明白，安娜的社会地位阻碍了她成为他的妻子。书中描写安娜在托马斯的灵柩前吊唁的场景，向读者证实了她对托马斯恒久的爱恋。爱情遇阻的主题是资产阶级秩序和这部小说的核心问题。

真正的爱可以在这个秩序之外存在：凯伊·格拉夫·摩仑（Kai Graf Mölln），一个落魄贵族的儿子，向布登勃洛克参议员的独子汉诺寻求友谊和感情。当汉诺躺在病床上，再也认不出自己的家人却只对他微笑时，汉诺对他的爱有多深便可想而知了（*FA* I.I, 836; *BW*, 648）。

衰落的主题在小说的结尾变得更加突出。汉诺的朋友凯伊打算成为一名作家，他观察着布登勃洛克家族的衰败迹象。托马斯和冬妮的哥哥克利斯蒂安·布登勃洛克（Christian Buddenbrook）将成为他观察到的最典型的例子。克利斯蒂安有模仿的天赋，或许他本可以成为一名杰出的演员；但家族传统要求他经商，而他失败了。参议员托马斯倒有经商天赋，但他又不满足于此。

在参议员托马斯早逝之前，他发现了一种半宗教式的慰藉：亚瑟·叔本华的文章《论死亡及其与我们内在本性坚不可摧的关系》(On Death and its Relation to the Indestructibility of Our Inner Nature)。托马斯理解了叔本华对死亡的解释，即将自我、灵魂与坚不可摧的、包罗万象的"意志"结合在一起，并有可能成为另一个更好的人。但这份慰藉为时短暂。托马斯很快发现，这种替代性宗教与他的高贵市民和参议员身份不相称。不久之后，他中风跌倒在水沟里，数小时后撒手人寰。他的死被描述成小说中几个死亡场景中最丑陋的一个。

这部小说能否提供一种慰藉？布登勃洛克家的男性在作为商人衰落的同时，其作为人的地位是否有所提升？吉恩·布登勃洛克想要超越他父亲的理性主义，成为一名虔诚的基督徒，但他的商业意识与基督教的慈善相冲突。他的儿子托马斯16岁时就在父亲的公司当学徒，无法追求自己的文学兴趣。汉诺是布登勃洛克家族的最后一位男丁，他弹钢琴，但仍只是个业余爱好者，缺乏生存的意志。重商主义传统似乎排斥个人成长。

尽管衰落的主题在小说中占主导地位，但这并不是为了让读者悲伤，而是为了引起读者的同情。叙述者经常以家庭成员的视角，邀请读者参与到布家的生活中来。例如，在第十部分第六章的结尾，冬妮亲密的动作消除了托马斯的疲惫。当两人都看着波罗的海时，托马斯继续讲述着单调的海浪，海浪沉闷而毫无意义地向岸边翻滚，却又以其简单和规律安慰着他。字里行间透露着他对死亡的期待。冬妮为她的哥哥感到羞愧。"人们平常是不说这类话的。"她心里想。但为了弥补自己为他感到羞愧，"她把他的胳膊挽到自己的胳膊里来"（*FA* I.I, 741; *BW*, 578）。

与这种亲密形成鲜明对比的是，克利斯蒂安与托马斯兄弟之间日益恶化的关系。在第九部分第二章中，他们就母亲去世后遗产的分配问题发生了冲突。不过，托马斯·曼在小说中把自己与哥哥的特征分别给了这两个冤家，小心翼翼地避免对号入座。

我们知道，这兄弟俩从帕莱斯特里纳（Palestrina）回到罗马后，关系变得紧张起来。1897年夏天，托马斯·曼计划在那里写他的家族小说。在一封写于1918年却未寄出的书信草稿中，亨利希·曼描述了1897年他公寓里发生的一幕：当时22岁的托马斯·曼坐在钢琴前（可能弹奏的是瓦格纳和弦），不经意地回过头来对着亨利希·曼说了句"身陷敌营（In inimicos）"（*FA* XXII, 714, ; cf. *LR*, 127）。[1] 托马斯可能指的是瓦格纳的敌人，亨利希·曼也在其中。

---

[1] 这些话也出现在1903年12月写给托马斯·曼的一封长信的草稿中。Peter Stein, ed., *Heinrich Mann, Essays und Publizistik: Kritische Gesamtausgabe* (Bielefeld, 2013), vol. I, p. 459.

1898年，在罗马，这对兄弟渐渐不合，原因之一可能是托马斯·曼在写他的家族小说时没有让亨利希·曼参与进来。他俩在帕莱斯特里纳讨论过以家庭成员为原型，创作一部讽刺家乡的小说。很久以后，亨利希·曼回忆说，他们也许还有合作的计划；他可能期望在创作这部小说时能有更密切的合作。[1] 于是，亨利希·曼开始写自己的小说《在天国》（*Im Schlaraffenland*, 1900）。这部小说涉及柏林的犹太银行家和股票经纪人，以讽刺的手法描写了他们对金钱的获取；他可能还希望自己远离家族的经商传统。

讽刺对托马斯·曼来说并不陌生。《布登勃洛克一家》就有讽刺的部分：描述汉诺在学校的一天的章节，对吕贝克革命的记述，对神职人员的嘲讽描写。但《布登勃洛克一家》在讽刺的同时，也以同情的笔调表现家庭关系，以此达到平衡，而《在天国》在描述犹太银行家通过提拔和保护有抱负的非犹太作家而实现文化同化时，则表现得很苛刻。角色的私生活与他们的商业行为一样令人震惊。

短篇小说《比伯医生的诱惑》（*Doktor Biebers Versuchung*, 1898）透露了亨利希·曼对他弟弟的批评。亨利希·曼于

---

[1] 亨利希·曼在1942至1943年流亡加利福尼亚期间写就的自传体文章《观察一个时代》（*Ein Zeitalter wird besichtigt*, Berlin, 1973, p. 217–218, 226）中，谈到了他对《布登勃洛克一家》的贡献以及共同创作的计划（没有特别提到《布登勃洛克一家》）。在1905年2月18日写给亨利希·曼的信中，托马斯·曼提到了一部以家族成员为人物形象的吕贝克讽刺小说（*FA*, XXI, 314）。

1898年初写了这篇小说,当时托马斯·曼还在罗马,他把矛头瞄准了弟弟偏爱的瓦格纳和叔本华,并把这两人都推下了神坛。疗养院里的病人崇拜瓦格纳的音乐;一个医生滥用叔本华形而上学的"意志"概念,吹嘘自己的精神力量。

1898年4月22日,托马斯·曼离开罗马。亨利希·曼陪他前往其挚爱的佛罗伦萨,两人在那儿一起共进晚餐,这也许是哥哥的一种和解姿态。但是,紧张的关系依然存在,尽管他们很可能试图忽视或修复这种紧张关系;那段时期的信件没有保存下来。1900年10月24日,由托马斯·曼写给他哥哥的第一封信相当友好(*FA* XXI, 129 - 131)。然而,有证据表明兄弟俩的关系持续紧张,在1903年12月5日的一封信中(*FA* XXI, 239 - 250; *LR*, 53 - 58),托马斯·曼批评了亨利希·曼的小说《寻找爱情》(*Die Jagd nach Liebe*),指责他歪曲语言,以及仅仅为了哗众取宠而描写性爱场景。托马斯·曼在书信中一贯表现出和蔼可亲的风格,而这封信中的严厉批评则令人惊讶。这封信给人的印象是,似乎自1898年以来所积累的怨恨被释放了。托马斯·曼已经摆脱了亨利希·曼的压制。

1898年春天,当兄弟俩访问佛罗伦萨时,距离吉罗拉莫·萨沃纳罗拉(Girolamo Savonarola)抨击艺术奢靡之风、抵制异教信仰的复兴已经过去了四个世纪。这位修道士引起了托马斯·曼的兴趣,前者仅凭言辞的力量,便成为了精神领袖。通过尼采在《道德的谱系》(*On the Genealogy of Morals*)中的一篇文章《禁欲主义的理想意味着什么?》(*What do Ascetic Ideals Mean?*)可以从概念上理解萨沃纳罗拉的崛起,这可能进一步激发了人们的兴趣。在尼采那里,他将修道士对性的精神上的放弃与他们对自我和他人的控制联系起来。萨沃纳罗拉压抑着自己的性欲,将潜在的欲望转化为文字,控制了佛罗伦萨。对托马斯·曼来说,将性冲动转化为语言是一件非常私密的事情。关于萨沃纳罗拉的写作计划体现了一项重大的新事业,但他首先得完成《布登勃洛克一家》。

佛罗伦萨之行结束后,托马斯·曼回到慕尼黑与母亲和兄弟姐妹团聚;第二年,他的朋友奥托·格劳托夫也搬到了那里。他的同学科尔菲兹·霍尔姆(Korfiz Holm)当时已经是艾伯特·朗根出版社的经理,聘请他担任初级编辑。很快,他结交了一些朋友;在他自己的生活中,托马斯·曼并不像他在早期小说中描写的那样是个局外人。

1898年11月,他中断了《布登勃洛克一家》的写作,花六天时间写了短篇小说《衣柜》(*Der Kleiderschrank*),这是一个嫁接在现实主义框架上的童话故事,1899年发表在《新德国评论》上。在某些地方,它读起来像象征主义小说。故事的叙述仅限于一个人的视角,即旅行中的阿尔布莱希特·万德尔·克瓦伦(Albrecht van der Qualen,

"Qual"在德语中是"剧痛"的意思),他的医生说他只有几个月可活了。他对这一诊断结果的反应是拒绝被时间和空间所限制,而时间和空间是哲学家伊曼努尔·康德所说的一切感知的基础,也是叔本华哲学的基础。他坐上一列特快列车,醒来时已置身一个陌生的城市,他下了车,为自己丧失了空间感而高兴。

叙述者写实地讲述了旅行者进城并在郊区租房的过程,还穿插了神话和童话故事的典故:一个孤独的人在船尾划船,暗示着通往冥界的摆渡人卡隆(Charon)。当叙述者看似不经意地插话说万德尔·克瓦伦没有穿套鞋时,他其实在暗示主人公的经历是汉斯·克里斯蒂安·安徒生(Hans Christian Andersen)《幸运的套鞋》(*Galoshes of Fortune*)的一个变体。安徒生的橡胶套鞋可以让穿鞋者随心所欲地去任何地方或时间,但万德尔·克瓦伦却失去了对时间和空间的感觉。他从女房东那里租了两间装饰简朴的房间,女房东看起来就像奇幻小说作者 E. T. A. 霍夫曼笔下的人物(*FA* II.I, 198; *SL*. I, 85)。

出乎意料的是,万德尔·克瓦伦在所租房间的衣柜里发现藏有一位赤身裸体的姑娘。她给他讲述的爱情故事,结局不仅不幸福,而且很残酷。他沉迷于她的故事,内心平静了一些。但是,他痊愈了吗?故事里没有告诉我们;相反,故事最终离开了万德尔·克瓦伦的视角,这暗示着当火车载着他穿越群山时,他其实是在做梦。

托马斯·曼工作的朗根出版社出版了讽刺文学周刊《痴儿报》。他为该杂志写了《复仇》(*Gerächt*, 1899) 及《通往墓地之路》(*Der Weg zum Friedhof*, 1900),前者讲述了一个长相丑陋但坚毅的女人捍卫自己尊严的故事,后者则是另一个接近讽刺的局外人故事。叙述者面对的是一个年长而悲惨的行人和一个年轻的金发自行车夫,文中称后者为"生命(das Leben)"。也许,这个骑自行车的人影射的是托马斯·曼的新朋友保罗·艾伦伯格(Paul Ehrenberg),他很喜欢与保罗一起旅行。我们将在下文和下一章了解到更多关于保罗的故事。

慕尼黑歌剧院经常上演理查德·瓦格纳的作品,托马斯·曼肯定没有错过《特里斯坦与伊索尔德》的演出(*FA* XXI, 121)。托马斯·曼的伟大小说之一,就叫《特里斯坦》,该小说的写作开始于1901年的头几个月,当时托马斯·曼正着迷于对保罗·艾伦贝格的同性情爱,保罗只能用友谊来对抗这种感情。《特里斯坦》是托马斯·曼对无法实现的爱的表现之一,《弗里德曼先生》《小露易莎》和冬妮·布登勃洛克对莫尔顿的爱也是如此。

加布里埃尔·邓南遮(Gabriele D'Annunzio)的小说《死亡的胜利》(*The Triumph of Death*, 1894)中的一个场景为《特里斯坦》的情节创作提供了灵感。德语版《死亡的胜利》于1899年发表在《新德意志评论》上。在这部小说中,理查德·瓦格纳的《特里斯坦与伊索尔德》中的钢琴曲导致一位情人谋杀后自杀（murder-suicide）。当时邓南遮正声名鹊起，他这部小说的浮夸叙事可能正是托马斯·曼创作戏仿之作的诱因。《特里斯坦》的主人公、情人德特列夫·施平奈尔（Detlev Spinell）是一位末流作家，只有一部小说值得称赞。他像他的作者一样，在写信时字斟句酌，但他的外貌却是一幅讽刺漫画。施平奈尔来自加利西亚的伦贝格（Lemberg），奥匈帝国的一部分，这表明他是个犹太人，对托马斯·曼来说，这通常是一种达到间离效果的方式。《特里斯坦》的故事发生在疗养院，可能是戏仿亨利希·曼《比伯医生的诱惑》中的疗养院，在这个小说里，亨利希·曼曾嘲讽托马斯·曼对瓦格纳和叔本华的痴迷。在这两个故事中，都有一个女性角色叫加布丽埃莱（Gabriele），或许也是对邓南遮名字的化用。

患有肺结核的美妇人加布丽埃莱捕捉到了施平奈尔的审美情感。她是批发商人克略特雅恩（Klöterjahn）的妻子，住在波罗的海沿岸，这使人想起《布登勃洛克一家》中的吕贝克。施平奈尔怂恿加布丽埃莱用钢琴演奏瓦格纳的《特里斯坦与伊索尔德》的部分乐章，尽管出于健康原因，她的医生禁止她弹奏钢琴。音乐和歌词让人联想起爱情和死亡，它们是通往叔本华"意志"的入口（FA II.I, 352; cf. DN, 141）。加布丽埃莱去世前，施平奈尔指责克略特雅恩将他敏感而富有才华的妻子贬低为平庸乏味的人。他在一封充满诗意的信中坚称，在他的帮助下，加布丽埃莱已战胜了她的苦难，正从"受辱的深渊中摆脱出来，在美丽的致命亲吻下自豪而幸福地死去"（*FA* II.I, 362; cf. *DN*, 141）。加布丽埃莱的丈夫手里拿着施平奈尔的信向他发难，将他贬成一个懦夫，但这一幕以加布丽埃莱在临死时哼着《特里斯坦和伊索尔德》中渴望主题的旋律结束。这位唯美主义者似乎赢了，但当他遇到克略特雅恩那健壮的婴孩时，他被孩子鲜活的笑声击垮了。

托马斯·曼和保罗·艾伦伯格在慕尼黑附近骑自行车，约1900年。

《特里斯坦》中，当加布丽埃莱演奏钢琴或施平奈尔诠释歌剧时，充满了讽刺和幽默的段落，与瓦格纳的《特里斯坦与伊索尔德》中相应场景所产生的崇高感形成鲜明对比。这种对比是托马斯·曼创作的特点。这部中篇小说发表于 1903 年，收录在同名的小说集中。

1900 年 12 月，托马斯·曼决定将萨沃纳罗拉的素材以戏剧的形式呈现出来（FA XXI, 139；LR, 42），但他很快意识到这个主题需要做很多研究。然而，将萨沃纳罗拉的形象融入当代慕尼黑的实验则不需要那么多准备工作。《上帝之剑》（*Gladius Dei*, 1902）这个故事开头三页的情节让人想起散文诗，讴歌巴伐利亚"光辉灿烂的"首都，艺术气息浓厚。一时间，这座城市似乎成了主角，但讽刺意味很快显现：慕尼黑的居民崇拜艺术和美；他们信奉唯美主义。（这只适用于波西米亚人，真正的慕尼黑人仍然很保守。）

故事开始时，希洛尼穆斯（Hieronymus）——德语指的是吉罗拉莫——从慕尼黑的波西米亚区施瓦宾步行进城，他在一家艺术品商店的橱窗里偶然看到一幅圣母画像的复制品。虽然这幅画像诱发了他的情欲，但神的启示敦促他回到商店，反对这种"轻佻的"和"放荡的"的美感（FA II. I, 230 - 231; cf. DN, 92）。与他的原型、佛罗伦萨的萨拉沃纳罗拉的情况不同，希洛尼穆斯的抗议徒劳无功，他最终被赶出商店。他只能祈求"上帝之剑"降临到这座城市。

突出希洛尼穆斯的内心矛盾是托马斯·曼的典型写法。当希洛尼穆斯试图说服店主把这幅画像从橱窗里撤走时，他勇敢地无视了自己兴奋的情欲。希洛尼穆斯这个形象可以解读为真实的萨拉沃纳罗拉的亡灵，他在慕尼黑无法施展自己力量；也可以解读为一个戴着意大利文艺复兴时期传教士面具的现代波西米亚人。艺术品商店代表着工业再生产时代的现代性；展出的圣母像只不过是一幅画像的黑白照片。这个小说迎合了一些读者的偏见，他们认为现代主义作品是由犹太人推动的工业化生产的仿制品。这位艺术品交易商有一个德裔犹太人的名字和一个"犹太人"的鼻子（FA II.I, 233; cf. DN, 94）。1902 年，《上帝之剑》首次发表在维也纳的《时代周刊》（Die Zeit）上，之后收录在 1903 年出版的小说集《特里斯坦》中。

1903 年初，托马斯·曼开始创作剧本《菲奥伦萨》（Fiorenza）。他参考了雅各布·布克哈特（Jacob Burckhardt）的《意大利文艺复兴时期的文明》（The Civilization of the Renaissance in Italy, 1860）和帕斯奎尔·维拉里（Pasquale Villari）的《吉罗拉莫·萨沃纳罗拉的生平和时代》（Life and Times of Girolamo Savonarola, 1859 - 1861）。布克哈特从文艺复兴中看到了现代个人主义的到来，当时受过教育的意大利人正远离教会，但他尊重萨沃纳罗拉，尽管他认为后者是一个文艺复兴时期的思想家。

相比之下，维拉里淡化了这位修道士缺乏教育的事实，而将他视为精神领袖和天主教改革家。新教徒声称萨沃纳罗拉是他们的领袖，托马斯·曼持同样的观点。他在维拉里作品德译本的旁注中证明了自己与这位意大利天主教传记作家的强烈分歧。[1] 托马斯·曼阅读这部传记是为了了解历史细节，同时牢记尼采将禁欲主义作为力量源泉的理念。维拉里提到的一个细节似乎已经为托马斯·曼证实了尼采的理论：年轻的萨沃纳罗拉曾被一位贵族女孩拒绝。托马斯·曼深信，萨沃纳罗拉对权力的渴望是由他被女孩拒绝时释放的性欲冲动造成的，尽管维拉里只是顺带提到了他被拒绝一事。

1903年，该剧在柏林演出后，柏林的明星评论家阿尔弗雷德·克尔（Alfred Kerr）对其大肆鞭挞，因为剧中充斥着过多的历史细节。事实上，这部戏剧表明，托马斯·曼也许曾有过描绘一幅文艺复兴广阔图景的雄心。然而，"神甫"萨沃纳罗拉临终前从洛伦佐·德·美第奇（Lorenzo de'Medici）手中夺权的高潮场景却是虚构的。在剧中，现代主义者洛伦佐用对艺术的崇拜取代了基督教信仰。但是，那些在舞台上表演的艺术家却不配得到这样的褒奖，因为他们更感兴趣的是自我推销。洛伦佐虔诚地崇拜柏拉图（Plato），但当他感到死亡临近时，柏拉图却让他

---

[1] 此书现存于苏黎世瑞士联邦理工学院托马斯·曼档案馆。

失望了；对于他在战争中犯下的不义之举，他需要基督教上帝的宽恕。因此，他请来了萨沃纳罗拉，后者利用此良机夺取了权力。

第一幕提出了是否需要一个新的道德基础的问题。古典主义者波利齐亚诺（Poliziano）是年轻的乔瓦尼·德·美第奇（Giovanni de'Medici）的老师，后者将成为教皇利奥十世（Pope Leo X）。他更喜欢哲学而非基督教，希望将柏拉图奉为圣人。他宣称，萨沃纳罗拉的道德观乏味而过时。波利齐亚诺与乔瓦尼形成鲜明对比，后者本身就是一位哲学家，也是一个小公国的统治者。他保护萨沃纳罗拉，钦佩后者的信念，但不苟同。他断言，当自由思想被作为一种意识形态而接受时，也必须允许道德层面的思考："道德再次成为可能。"（*FA* III. I, 39; cf. *SL*. I, 258）在这出戏剧的结尾，萨沃纳罗拉对自己短暂的统治和结局充满期待。

在20世纪初，《菲奥伦萨》探讨了现代世俗享乐主义与意识形态运动——民族主义和社会主义——之间的斗争。尽管双方都承诺要对抗现代无信仰的非道德主义，但他们很快就滥用了自己产生的力量。托马斯·曼唯一的剧本在舞台上并不成功，也没有受到读者的广泛关注。但在21世纪，它对现代性的讨论值得更多的审视。

剧本手稿的结尾注明了完成的时间：1905年2月3日。同年2月11日，托马斯·曼与卡蒂亚·普林斯海姆（Katia

卡蒂亚·曼与她的孩子艾丽卡和克劳斯在慕尼黑,约 1907 年。

Pringsheim)结婚。这段婚姻一直持续到他去世,他们生了六个孩子,而且也没有出现过严重的婚姻问题。卡蒂亚很快就承担起协助丈夫工作的任务,为他提供其迫切需要的安全感,尤其是在 1933 年他们流亡之初。

3　两段爱情及其文学后果

1899年底,托马斯·曼开始与卡尔·艾伦伯格(Carl Ehrenberg)和保罗·艾伦伯格兄弟接触。卡尔是弟弟,在德累斯顿音乐学院学习作曲。在慕尼黑时,他经常拜访在学院学习绘画的保罗。兄弟俩都喜欢和托马斯·曼一起听音乐会;保罗是一位出色的小提琴家,担任第一小提琴手,托马斯·曼担任第二小提琴手,卡尔则用钢琴为两人伴奏。卡尔通过与托马斯·曼一起研究《特里斯坦与伊索尔德》,加深了他对瓦格纳的喜爱之情。1900年至1902年的冬天,是他们友谊最为深厚的时期;夏天,保罗去莱茵河跟随他的老师练习户外写生(plein-air)。

保罗并不像以前认识的那种高傲的艺术家局外人,他更务实,但当托马斯·曼在他们建立友谊的第二个冬天爱上他时,两人的关系出现了问题。在1901年2月22日致格劳托夫的信中(*FA XXI*, 158-159),他表达了想把一卷中篇小说献给保罗的热切愿望。这倒不是说他将这位新朋友视为与自己智力水平相当的艺术家：他需要确立自己对保罗的优越感，就像对待奥托·格劳托夫那样。

在军队服役一段时间后——确切地说，托马斯·曼的脚走不了正步，所以他被劝退了——他于1901年的头几个月与艾伦伯格一家享受了狂欢节和慕尼黑的文化生活。但是他也很纠结：尽管他很享受有朋友的生活，抛开了自己局外人的角色，但他对异性恋的保罗的痴迷打乱了他的情感平衡。1901年2月13日，他在写给亨利希·曼的信里说抑郁症让他产生了自杀的念头，但他的心情又已经转变为一种意想不到的、纯粹的、难以形容的快乐（*FA* XXI, 154）。抑郁症的起因可能始于他发现强烈的同性恋情感是自己成年后性生活的永久组成部分。尽管他无意开始一段真正的同性恋关系，但在当时，光是这种感觉就已经令他感到羞耻，以至于他觉得自己必须保密。尽管如此，恋爱经历本身还是有益的。他在笔记本上写下的诗句表达了他的喜悦之情，因为他意识到自己能够感受到真正的爱，而他作为作家所假定的冷漠的局外人立场并没有占据他的内心（*NB* II, 44, 46）。

1901年的3月底或4月，保罗兄弟俩一定已将家乡莱比锡（Leipzig）发生的一起谋杀案告诉了他们的朋友：一位富裕的离异女人射杀了拒绝她的音乐家。报纸给托马斯·曼提供了更多的信息，很快他就想到将这起凶杀案与他和保罗·艾伦伯格的经历联系起来,这也许可以作为他隐约想到的一部社会小说的一个插曲。1901年7月,他为计划中的小说加上了一个关于谋杀过程中女人的心理活动的构思,以及一个标题:《情人》(*Die Geliebten*;NB I, 207)。这个标题所指的不是相爱的夫妻,而是遭拒的求爱者。1904年,托马斯·曼的笔记本上出现了一个新标题"玛雅"(Maja),指的是印度教中的"玛雅面纱"(Veil of Maya)。

《情人》中的人物构思最早见于托马斯·曼1901年的创作笔记。谋杀案的受害者是一名职业小提琴家,以保罗·艾伦伯格为原型,笔记中暂时以"P"命名。一个名叫阿德莱德(Adelaide)——她的名字与德语的祸水(Leid)谐音——的女人,她天赋异禀,却枉自爱着小提琴家,受尽折磨。她的原型是托马斯·曼本人和他的妹妹朱莉娅(Julia)。由于阿德莱德的故事以她谋杀小提琴家而告终,因此大部分的笔记都反映了阿德莱德与"P"的负面经历。而在现实生活中,托马斯·曼和保罗仍保持着比较友好的关系。

有一段时间,托马斯·曼想在阿德莱德事件中加入对亨利希·曼的影射。阿德莱德嫁给了阿尔伯特(Albert)。阿尔伯特虽然是个弱者,却坚持赞美强者的生活。当时,亨利希·曼正在创作小说三部曲《女神》(*Die Göttinnen*, 1903),其中的女主角从尼采那里获得了人生的方向。

1901年5月，托马斯·曼再次前往佛罗伦萨，这次是为了与亨利希·曼见面，并为他写作萨沃纳罗拉的计划考察一些地方。在他1930年的简短自传中，他讲述了自己与英国女子玛丽·史密斯小姐（Miss Mary Smith）的一段亲密关系。他甚至声称玛丽曾与他谈婚论嫁（*EK* III, 196）。由于他在佛罗伦萨只逗留了两周左右，这段关系可能不过是调情而已。笔记本上的记录表明，他曾给她写过一段时间的信，但没有任何内容保存下来。

托马斯·曼的"研究报告"《饥饿的人们》（*Die Hungernden*, 1903）写于1902年五六月间，当时——可以说是迫于压力——他对保罗·艾伦伯格的爱正处于无望之中。虽然以第三人称创作，但主导全文的是一个名叫德特勒夫（Detlef）的男性的单一视角，这名字让人想起《特里斯坦》中的德特勒夫·施皮奈尔（Detlev Spinell）。德特勒夫对自己说："你不该只是待着，你应当观察；你不该只是活着，你应当创造；你不该爱，你应当理解。"（*FA* II. I, 376; cf. *DN*, 157）作家必须是局外人。离开舞厅时，他把心爱的人留在了身后，而他心爱的人依恋着他的朋友，后者是一位画家，显然代表着保罗·艾伦伯格。在舞厅外，他看到了一位令他妒忌的车夫，他认同他，因此他告诉自己："咱们是兄弟啊！"（*FA* II. I, 379; cf. *DN*, 159）故事以一种听起来像宗教式的呼吁结尾，即呼吁一种不排斥局外人的充满爱的人性。

在 6 月完成《饥饿的人们》之后，托马斯·曼开始写他的中篇小说《托尼奥·克勒格尔》(*Tonio Kröger*)。讲述一个局外人生活的想法可以追溯到 1899 年夏末，当时他在丹麦度过了一段时间，那里是忧郁小说《尼尔斯·莱恩》(*Niels Lyhne*, 1880) 的作者延斯·彼得·雅各布森（Jens Peter Jacobsen）的故乡。托马斯·曼对这本小说的意境赞赏不已。他 1899 年末的笔记本上也有类似文字："托尼奥·克勒格尔/有些人必然会迷失方向，因为他们没有正确的道路。"(*NB* I, 175) 他在接下来的笔记中补充道：托尼奥·克勒格尔性格温和，但已经饱受心理认知（psychologische Erkenntnis）折磨。他的心理洞察力带有叔本华的悲观主义色彩。虽然《托尼奥·克勒格尔》的写作计划是在一种忧郁的心情中开始，但经过三年的酝酿，它发展成了一个更适宜的写作计划。作家发现他自己能够去爱了。

托尼奥，一位正直市民的儿子，继承了他美丽的、富有情调和音乐天赋的母亲的艺术细胞，成了一个局外人：来自母亲的天赋使他不同于那些金发碧眼的同学们。当托尼奥爱上其中一个叫汉斯·汉森（Hans Hansen）的人时，他的感情并没有得到回应，就像托马斯·曼的感情没有得到保罗·艾伦伯格的回应一样。当托尼奥无法赢得英格波克·霍尔姆（Ingeborg Holm）的注意时，他的孤独感更加强烈。英格波克·霍尔姆是一个金发碧眼的女孩，她是汉斯的影子。他领悟到，爱情只会带来"痛苦、煎熬和屈辱"，还会扰乱"将某些东西锻造成统一整体所需的宁静"（*FA* II. I, 255; cf. *DN*, 173-174）。创作才能属于局外人，而成为局外人是艺术家的命运。

小说的第四节集中描述了托尼奥与他的朋友、俄罗斯画家丽萨维塔（Lisaveta）谈话时的委屈。尽管托尼奥渴望被视为现代作家，并准备接受自福楼拜的《包法利夫人》（*Madame Bovary*）以来现代作家所必需的、与普通生活的疏离，但他渴望得到爱和人间的温情，希望有一位与他周围文人不同的朋友。在写作这段文字时，托马斯·曼使用了一个注释，他在注释中称赞"P"（保罗）是他第一个也是唯一的"人类"朋友，与他的文学同道不同（*NB* II, 72）。

在经历了如此多的痛苦之后，托尼奥随后对丽萨维塔的坦白令人吃惊："我热爱生活"（*FA* II. I, 278; *DN*, 193）。丽萨维塔总结他的讲话，得出结论：他仍然是一个小市民，一个步入歧途的小市民。这一判断撼动了托尼奥作为艺术家的骄傲，在前往丹麦的船上，他遇到了暴风雨，见识了变幻莫测的大海，他将这些视为整个存在的象征来体验。野生动物的咆哮声——船舱里关着一只白熊和一只孟加拉虎——让读者想起叔本华的"意志"，但托尼奥并不理会悲观主义的想法；咆哮声让他对尼采意义上的生活充满热情。在丹麦波罗的海沿岸的阿尔斯加德（Ålsgårde），大海再次召唤他,向他招手(*FA* II.I, 303; *DN*, 215)。

在海滨旅馆,托尼奥·克勒格尔遇到了汉斯·汉森和英格波克·霍尔姆,他们现在变成了两个年轻的丹麦人。当他们重新唤起托尼奥年少时的爱时,"麻木、荒凉、冰冷、思想,以及艺术"的感觉被抵消了(*FA* II.I, 315; *DN*, 226)。托马斯·曼使用了笔记本上曾用来赞颂他对保罗·艾伦伯格的爱的词语(*NB* II, 46)。在一封从阿尔斯加德写给丽萨维塔的信中,托尼奥承认自己的艺术创作确实是一个迷途小市民的作品。他对生活的爱,对平凡小市民的爱,使他的作品充满了人性的温暖、善良和幽默,避免了矫揉造作和了无生趣。他的这种爱就像圣保罗(St Paul)所赞美的爱(*FA* II.I, 318; *DN*, 228)。[1]

《托尼奥·克勒格尔》是一部令人费解、充满矛盾的作品:托尼奥将继续写作,现在他以对平凡小市民的爱为指导,但阅读小说并不适合汉斯·汉森的本性。托尼奥致力于艺术语言,但他的祖先认为艺术家是杂耍艺人,而且他们并非完全错误。《托尼奥·克勒格尔》是一个现代文本:它玩弄各种可能性,意在含糊其词。1903年,这部中篇小说发表在《新德意志评论》上,同年,被收录到托马斯·曼的最新小说集《特里斯坦》中。

亨利希·曼曾寄给弟弟一本自己的小说集《富尔维娅》

---

[1] Cor. XIII: 1. 路德的译本用的是"爱"(Liebe),而詹姆士王钦定本用的是"慈善"(charity)。

(*Fulvia*, 1904),试图对他施加影响。其中一篇讲述了意大利复兴运动的故事,即 19 世纪意大利争取统一、摆脱奥地利统治和反对意大利保守主义的斗争。亨利希·曼的这个故事旨在劝说弟弟托马斯·曼以类似的方式写作,从而支持威廉德国时期的自由主义运动。托马斯·曼在 1904 年 2 月 27 日的信中对此回复说,他所理解的自由是,"自由"即"忠诚";有人认为这是他的冷酷之处。事实上,他所指的是他的语言文字不受宗教或意识形态束缚,也不以某种政治目标为目的。他补充说,一个国家的政治自由受到限制并不一定就对作家不利;俄罗斯文学就是在巨大的政治压力下发展起来的。托马斯·曼暗示,自由寓于文学之中。当他在信中提及"然而,我对政治自由毫无兴趣"(*FA* XXI, 269; *LR*, 64)时,他指的是对当时的自由党及其为金钱利益而进行的斗争不感兴趣。

但是,他反对威廉德国时期的军事权力。短篇小说《幸福》(*Ein Glück*, 1904;字面意思是"好运"; *SL* I)就讽刺了贵族骑兵军官。女主人公既是一个局外人,又是军官的妻子,这与他计划写但未写成的小说《情人》中的阿德莱德给人的感觉如出一辙。托马斯·曼在小说中对德国军国主义的讽刺和挖苦,证明他并不认同保守的意识形态。

同年写就的另一个故事《在预言家屋里》(*Beim Propheten*, 1904: *SL* I)具有自传背景:托马斯·曼曾参加路德维希·德莱斯(Ludwig Derleth)的《宣言》(*Proclam-*

ations）朗读会。路德维希·德莱斯是一位天主教波西米亚人和诗人，曾设想宗教统治者统治世界。这一事件以受邀嘉宾之一的"小说家"的视角进行叙述，这位小说家与托马斯·曼相似，但与波希米亚环境更为疏离。在回去的路上，小说家与一位优雅的女士攀谈起来。这位女士的原型是海德薇格·普林斯海姆（Hedwig Pringsheim），她是托马斯·曼在1904年追求的卡蒂亚·普林斯海姆的母亲。故事里的"小说家"现在很容易对号入座为托马斯·曼，小说表达了他对即将迎娶的妻子的爱。

婚礼结束后，卡蒂亚与托马斯·曼前往苏黎世和卢塞恩（Lucerne）进行短暂的蜜月旅行。旅行一回来，托马斯·曼便写了散文《艰难的时刻》（*Schwere Stunde*，1905；*DN*：Harsh Hour），以纪念弗里德里希·席勒（Friedrich Schiller）逝世100周年。这位"古典"戏剧家和小说理论家在当时德国文化生活中的重要性超过了今天。在一段独白中，作者叙述了席勒在晚间创作戏剧《华伦斯坦》（*Wallenstein*）时与写作障碍的搏斗。托马斯·曼将席勒的生活细节和思想与自己绝望的写作回忆结合在一起，这使得他的文本更加生动。但是，他让席勒重新振作起来，让他在与歌德的竞争中重拾雄心壮志，他对歌德充满了"思慕的敌意（yearning enmity）"（*FA* II.I，421；*DN*，244）。他到卧房看望妻子，她酣睡的样子给他带来了安慰，他仍然爱她，这使他安心，但有一个前提：不能完全属于她。虚构的席勒表达了作者自己的担忧,他提醒自己:"为了我的使命,我不能彻底地属于你。"(*FA* II.I, 427 - 428; cf. *DN*, 250 - 251) 托马斯·曼自己离群索居的生活很快就被固定在早上,他经常躲进书房提笔写作。他从不使用打字机。

1905年,托马斯·曼的笔记本中记录了一些关于未来创作作品的构思。《浮士德博士》(*Doctor Faustus*)的主题被添加到一部社会小说的计划中,在这部小说中,魔鬼激励作家写出了伟大的作品(*NB* II, 107, 121)。还有一些零星的笔记显示,他曾构思过一部关于普鲁士腓特烈二世(Frederick II)的小说,一部关于一个骗子或欺诈者的小说,以及一部名为《王子殿下》的中篇小说,这部小说最终被写成了一部长篇。另一部中篇小说的构思更吸引他:一个非犹太人与一个富有的犹太家庭联姻,这与他自己的经历如出一辙。他知道,他同时代的许多人认为这种婚姻有缺陷,尤其是当一个非犹太贵族为了恢复财产的偿付能力而与一个富裕的犹太家庭联姻时。写一个关于这种婚姻的故事,可以淡化他自己的婚姻问题,以一种打趣的方式与之保持距离。不久他就写道:"如果我把一件事变成了一个句子,那么这件事与这个句子还有什么关系呢?"(*FA* XIV.I, 101)

中篇小说《孪生兄妹》(*Wälsungenblut*, 1906)对今天的读者来说颇具争议,因为它将犹太人在德国的同化视为一个历史问题,并在这一过程中使用了反犹主义的陈词滥调。不过，它仍属于托马斯·曼最好的小说。这篇小说刊登在《新德意志评论》的1月刊上，但在发表之前，故事有所删减和替换；托马斯·曼坚持要销毁这些文字。他的岳父对此小说表示不满。卡蒂亚的父亲阿尔弗雷德·普林斯海姆（Alfred Pringsheim）是一位犹太企业家的儿子和继承人，这位企业家在上西里西亚（Upper Silesia）通过开发煤矿和铁路发家致富。阿尔弗雷德没有继承父亲的事业，而是成为了慕尼黑大学杰出的数学教授。他没有信奉祖先的宗教，也拒绝皈依基督教。他的妻子海德薇格来自一个新教家庭，在其曾祖父那一代便脱离了犹太教。普林斯海姆家的小孩都接受了洗礼。[1] 阿尔弗雷德·普林斯海姆在慕尼黑建造了一栋风格华丽的房子，装饰有许多古董和现代艺术品。

《孪生兄妹》描写了阿伦霍尔德（Aarenholt）一家，这是一个富裕的犹太家庭，住在柏林蒂尔加滕区的一座豪宅里。托马斯·曼以夸张的手法描写他们房子的奢华，嘲讽了柏林富有的犹太人奢侈的生活方式。这正是亨利希·曼在他的第一部小说《世外桃源》（*Land of Cockaigne*）中所描写的。慕尼黑的普林斯海姆一家与柏林的阿伦霍尔德一家既有相似之处，也有不同的地方。慕尼黑的豪宅虽然富丽堂皇，但与虚构的阿伦霍尔德家的别墅之奢华相比还是

---

[1] Inge and Walter Jens, *Frau Thomas Mann: Das Leben der Katharina Pringsheim* (Reinbek, 2003), pp. 32-34.

位于慕尼黑的普林斯海姆家族宅邸。

有差距;西格蒙德(Siegmund)和西格琳德·阿伦霍尔德(Sieglinde Aarenholt)与卡蒂亚·普林斯海姆及其哥哥克劳斯(Klaus)一样是龙凤胎,但阿伦霍尔德夫人和两个年长

卡蒂亚·普林斯海姆和她的哥哥克劳斯,摄于慕尼黑,约1900年。

的孩子却与普林斯海姆家族的相应成员不同。最重要的是,普林斯海姆一家已经实现了完全同化,而阿伦霍尔德一家仍在努力实现同化中,这让西格琳德承受着嫁给一个不爱之人的痛苦。在观看瓦格纳的演出中,西格蒙德面临着超乎其他人的压力,他需要花费数小时来打扮自己。他必须表现出完美的同化效果。

西格琳德的未婚夫冯·贝克拉特(von Beckerath)是一个以娶豪门千金为目的的贵族漫画形象。他"出身世家",是个贵族,但读者看到的却是一幅漫画肖像:一个"矮小,肤色发黄,留着山羊胡子,彬彬有礼"的男人(*FA* II. I, 431; *DN*, 257)。描写冯·贝克拉特热衷于取悦他人的德语表述开始是"von eifriger Artigkeit"(热切的殷勤),后来改为"von artiger Fügsamkeit"（殷勤的顺从；*FA* II.I, 435；cf. *DN*, 260）。然而，在德语中"artig"这个词几乎只用于乖巧的儿童。

在冯·贝克特拉同意西格蒙德和西格琳德最后一次一起去观看瓦格纳的《女武神》（*The Valkyrie*）之后，他就从故事中消失了。在这篇小说的第二部分，即《女武神》的演出中，当双胞胎坐在观众席上时，西格蒙德的视角占了主导地位。托马斯·曼想把犹太人的异化与瓦格纳歌剧中沃尔松一家（Volsungs）的异化联系起来。在瓦格纳歌剧的第一幕中，西格蒙德哀叹自己的疏离。他对社会的渴望总是遭到唾弃；他与其他所有人都不一样（*FA* II.I, 451；cf. *DN*, 274）。他和他的孪生妹妹西格琳德都是局外人，尽管他们都是沃坦神的后裔。

在瓦格纳歌剧魔力的影响下，西格蒙德·阿伦霍尔德曾一度想创作一部"作品"（*FA* II.I, 456；*DN*, 278），用艺术的方式表达自己独特的感受。但是，这位富家公子的生活方式使他无法产生创作这样一部"作品"所需的激情。此外，西格蒙德的批判精神使他对舞台上的戏剧表演评价很低，称其不自然，给人一种虚妄的感觉。电灯突然发出刺眼的光，扮演西格蒙德的歌手戴着假发，西格琳德丰满的乳房高高挺起，洪丁（Hunding）的步态很滑稽，嗓音沙哑，演员用歌声解释自己的命运时也显得不自然（*FA* II.I, 449-454；cf. *DN*, 272-277）。

回家后,西格蒙德和西格琳德上演了瓦格纳歌剧中的乱伦。西格蒙德对这一行为有两次评论:一次是在托马斯·曼最初的结尾中,另一次是在《新德意志评论》杂志要求修改的另一个结尾中,该杂志的编辑希望有一个不那么令人反感的结尾。对于西格琳德关心的以后如何面对冯·贝克特拉的问题,在托马斯·曼的第一个版本中,西格蒙德如此回答:"我们给他戴绿帽子了,那个非犹太人。"(Beganeft haben wir ihn, den Goy)"Beganeft"是德语化的意第绪语;"Ganef"的意思是小偷(*FA* II. II, 440)。西格蒙德和西格琳德双双从这个闯入者手中窃取了真爱。当西格蒙德说出这些话时,他脸上的犹太血统印记清晰可见:这对儿双胞胎以犹太人的身份结下了不解之缘。但是,他们的真情时刻只是昙花一现——为了融入世俗社会,西格琳德仍将与冯·贝克特拉结婚。后来出现的西格蒙德的另一个回答是:冯·贝克特拉应当心存感激,因为"从今往后,他就要过一种不那么平庸的生活了"(*DN*, 284)。因为依赖阿伦霍尔德家的钱,他将不得不忍受自己被背叛的事实。

乱伦的主题将在《天选者》(*Der Erwählte*, 1951)中再次出现。1921年,《孪生兄妹》发行了私人限量版,1931年出了法文版。第一次公开出版是在1958年,并采用了改写的结局。2004年法兰克福版恢复了初版的结局(*FA* II. I, 463)。

1906年,托马斯·曼开始创作长篇小说《王子殿下》。

三年前，他在笔记本上记下了普希金的一句诗："你是皇帝（沙皇），独自生活吧！"并补充说："王子殿下的座右铭。"（*NB* II, 86）他似乎早就想写一个关于孤独王子的故事。赫尔曼·邦（Herman Bang）的中篇小说《公主殿下》[*Her Highness*, 1886, 收录于《古怪故事集》（*Eccentric Stories*）]给了他灵感。邦讲述了一位生活空虚的公主的故事，自由主义者邦认为这是对君主制的影射。1904年，即托马斯·曼追求卡蒂亚那年，孤独王子的主题发生了变化。王子将通过与平民结婚而得到治愈。

《王子殿下》描绘了一个由君主立宪制统治的小公国。大公在位，但不治理国家，议会总是同意政府的需求。首相是一位拥有博士学位的贵族，即一位有教养的市民，他以嘲讽的口吻评判朝臣。《王子殿下》这部小说嘲弄了封建传统，却又保持了"王子殿下"这一称号所体现出的高贵感，这种高贵感通过自我约束获得。通过这种自我约束，克劳斯·海因里希（Klaus Heinrich）王子代表他的国家的尊严，就如作家在不同于日常现实的"更高"层面上代表他所创造的世界。

对于生来就有一只残疾胳膊的克劳斯·海因里希王子来说，要在代表国家尊严的同时表现出得体的风度，是非常困难的。与驼背的约翰内斯·弗里德曼的情况一样，克劳斯·海因里希畸形的手臂也成为托马斯·曼笔下象征局外人身份的个人特征：他需要掩藏同性恋倾向给他带来的耻辱。克劳斯·海因里希的先天缺陷与威廉二世皇帝相似，但他在其他任何方面又与威廉不同。也许，克劳斯·海因里希的谦逊，加上他和他的哥哥（当政大公）对国家宪法定规的严格遵守，是为了向经常放荡不羁的德国皇帝发出一个信号。

最后，克劳斯·海因里希王子和美国实业家的女儿伊玛（Imma）计划共同代表他们国家的尊严。这部小说传达的信息是，高贵的出身不再决定个人的地位，但有些人在尊严上仍然超越他人。克劳斯·海因里希和伊玛努力通过学习经济学了解国家的真正问题，以此来证明自己地位的提升是合理的。他们希望自己有别于克劳斯·海因里希的先辈们，后者往往为了获得声望而强迫自己的臣民承担铺张浪费的支出。作为一个现代主义者，托马斯·曼质疑通过高贵出身获得的地位，但他确实相信通过个人权威、智慧和服务社会的意愿建立的等级。

然而，在这对夫妇的幸福结局之外，我们发现君主制还是陷入了困境：亿万富翁父亲购买了能够平衡预算的债券，从而减少了财政紧缩，但赤字并未得到遏制，生产性投资似乎也不存在。君主制仍在破产的路上，这证明农业公国无法在工业时代维持自身的生存。

这部小说类似于一个浪漫主义童话，尽管现实中也有美国富商的女儿嫁给英国贵族的先例。童话的典故也是一种隐喻：安徒生笔下的《白雪皇后》(Snow Queen)象征着宫廷的冷酷无情（*FA* IV.I, 63; cf. *RC*, 46, snow king）。当克劳斯·海因里希与妹妹迪特琳德（Ditlinde）在探索城堡时迷了路，他们和汉塞尔（Hansel）、格蕾特（Gretel）一样恐惧（*FA* IV.I, 74; *RC*, 56）。伊玛落在克劳斯·海因里希畸形手臂上的吻是一个救赎之吻，与《睡美人》（*Sleeping Beauty*）中的吻相似（*FA* IV.I, 313; *RC*, 264）。

托马斯·曼为他关于兄弟的主题增添了一些微妙的戏谑意味。他将克劳斯·海因里希设定为前任大公的次子。当长子阿尔布莱希特（Albrecht）成为大公后，他把大部分公开露面的机会让给了更受欢迎的弟弟——暗指弟弟托马斯·曼的写作更成功。亨利希·曼对此小说的现代性激赏有加（*FA* XXII, 437-439），但也感到不快，称其为一次"攻击"（*FA* XXII, 710; *LR*, 124）。

当一位评论家在小说中发现了现代主义甚至民主的倾向时，尽管托马斯·曼拒绝承认自己曾倡导民主，但他还是感到很满意（*FA* XXII, 437-439）。宇博拜因博士（Doctor Überbein）的结局增添了作品的现实主义色彩，他认同克劳斯·海因里希王子的贵族优越感，认为那似乎是寒门子弟通过雄心和自律获得更高地位的典范。宇博拜因出身贫寒，但他凭借卓越的才智当上了高级中学的老师。不过，他的野心摧毁了他。他的名字，"Überbein"，可以理解为对尼采"超人（Übermensch）"概念的隐晦批判，超人的形象是尼采为发展中的人类所设想的目标。《王子殿下》于1908年1月至9月在《新德意志评论》上连载,并于1909年10月出版单行本。

托马斯·曼与哥哥亨利希·曼的关系冷淡了很长一段时间。1903年12月5日,托马斯·曼在一封咄咄逼人的信中批评了亨利希·曼的小说《寻找爱情》以及他的小说三部曲《女神》。他指责哥哥以琐碎的方式描写性爱场面。但在1905年10月22日,亨利希·曼写了一封信(未保存)赞扬《菲奥伦萨》,令托马斯·曼感动落泪(FA XXI, 330; LR, 73)。亨利希·曼把对弟弟的担忧艺术化地写进了短篇小说《逊位》(Abdankung),此小说写于1905年11月,次年1月发表在《痴儿报》上。他将这篇小说献给了"我的

《菲奥伦萨》在吕贝克演出前,托马斯·曼与演员们合影,1925年。

兄弟托马斯"。[1] 托马斯·曼给亨利希·曼写了一封信表示感谢，称赞他的作品，并向他保证，这篇小说几乎就像他自己写的一样（*FA* XXI, 346；*LR*, 79）。他可能是想表明，他已经理解了其中的深意。《逊位》讲述了天才学生菲利克斯（Felix）的故事，他喜欢指使平庸的同学，却突然臣服于其中一个。当他说服自己的新主人命令他下到池塘喂鱼时，菲利克斯顺从地去了，结果淹死了。亨利希·曼似乎是在警告托马斯·曼提防托尼奥·克勒格尔对平庸之人的爱。此外，在亨利希·曼的故事里，同性恋欲望也是一种病。《逊位》主人公的名字菲利克斯，在拉丁语中意为"幸运儿"，这可能是对托马斯·曼成功的讽刺。

20世纪初，报纸杂志经常邀请作家回答人们普遍关心的文化问题，其中一项探讨的是戏剧的文化价值。这个问题促使托马斯·曼在1908年写了《试论戏剧》（*Versuch über das Theater*, *FA* XIV.I, 123‑173），他在文章中阐述了自己对德国文化的大部分立场。城市剧院（Stadttheater）是德国资产阶级文化的中心。托马斯·曼认为，市民剧院是一座神庙，最终可能取代宗教机构。但是，他也反对戏剧在艺术中的优越地位，包括理查德·瓦格纳的音乐剧。他坚持认为，多维度的小说（the multi-dimensional novel）在现代社会中应享有更高的威望。

---

[1] Heinrich Mann, *Novellen: Zweiter Band* (Berlin, 1978), pp. 249‑260；参见第441页的献词。

4 《死于威尼斯》,第一次世界大战与《魔山》

1910年,托马斯·曼把一整本专门记录有关普鲁士·腓特烈二世小说的笔记本搁置一旁,他决定开始写作《大骗子菲利克斯·克鲁尔的自白》(*Bekenntnisse des Hochstaplers Felix Krull*, 1954)。这本新书的灵感来自一个罗马尼亚(Romanian)冒名顶替者的畅销自传,旨在从一个骗子的角度展示上流社会的风尚。因为小说中也包含了作者自己生活的自传材料,因此该小说有可能成为对自传本身的模仿,带有歌德《诗与真》(*Poetry and Truth*)的意味。但是,对于托马斯·曼来说,要把一个没有受过教育的罗马尼亚人的粗鄙语言与一个读过歌德且受过良好教育的德国人富有教养的表达结合起来,肯定很难,尽管那是克鲁尔的抱负。所以他打算写篇短篇小说来中断这辛苦的工作,或许可以放松一下。

1911年5月或6月的某个时候,托马斯·曼找到了一个主题,当时他携妻子卡蒂亚与哥哥亨利希·曼在亚得里亚海度过了一段时光。在威尼斯丽都岛一家旅馆短暂逗留期间，托马斯·曼被一个 14 岁男孩的美貌所吸引。卡蒂亚注意到了他对男孩的着迷，但那时她可能已经接受了丈夫的双性恋情感倾向。[1] 更令人不安的是，亨利希·曼想必也意识到了这一点。不过，他们在丽都的逗留只持续了几天，一场霍乱赶走了托马斯·曼一行人。

尽管托马斯·曼很快就想把他与这个男孩的情感体验转化成一篇小说，但他无法公开地讲述自己对这男孩的迷恋。当时的社会对同性恋的谴责使他不得不寻找伪装。他想起了歌德 1823 年在马里恩巴德（Marienbad，今捷克共和国）与 19 岁的乌尔里克·冯·莱维佐夫（Ulrike von Levetzow）的爱情故事，以及他因被拒绝而丧失尊严的经历，但歌德的求婚计划与他当时的感情相去甚远。托马斯·曼需要讲述他在遇到禁忌欲望的同时又不得不谴责这种欲望的感受。他需要将这种感受传达给他哥哥，这意味着亨利希·曼必须能够辨认出主人公古斯塔夫·冯·阿申巴赫（Gustav von Aschenbach），但后者的形象又必须足够扭曲，以便为原型提供伪装。

因此，阿申巴赫成了一个年纪大很多的作家，他的作品受到教育当局的推崇。然而，这些作品都是托马斯·曼曾放弃的写作计划，熟悉弟弟成长历程的亨利希·曼很容

---

[1] 卡蒂亚的回忆记录在 Katia Mann, *Meine ungeschriebenen Memoiren* (My Unwritten Memoirs), ed. Elisabeth Plessen and Michael Mann (Frankfurt/Main, 1974), p. 71。

易辨认出来。更重要的是,当叙述者描述阿申巴赫作品中反复出现的主题时,熟悉托马斯·曼文风的读者也可以从他已出版的作品中辨认出人物。在描述阿申巴赫的威尼斯之旅,记录他被青葱少年塔奇奥(Tadzio)所吸引到彼此热恋的过程时,叙述者使用了主人公的视角,但同时他也暗示了距离。他觉得阿申巴赫"衰老""糊涂",甚至可以说是个"痴情的傻瓜"(der Betörte; *FA* II. I, 566; *DN*, 344)。在城市的一个小广场上,阿申巴赫吃了被污染的草莓后,在一段让人想起柏拉图式对话的内心独白中为自己的同性激情而自责不已。

《死于威尼斯》还包含了另一条叙事线,开头描述了一个旅行者从慕尼黑北部公墓的小教堂走出来的场景。他就像希腊的赫耳墨斯神(Hermes),这位众神的信使,负责接引和传旨,掌管生与死。叙述者没有认出这位希腊神,对他来说,他只是一个巴伐利亚的旅行者;也没有认出其他指引阿申巴赫去丽都的使者。其中一个叫卡隆,乔装成一个没有执照的船夫,他将乘客送到他的死亡之地。阿申巴赫在丽都的喜悦通过希腊文化元素体现出来,而希腊文化允许同性之爱。在对话式作品《会饮》(*Phaidon*)中,柏拉图诗意地将美与激情结合在一起,直到这些意象被一场狄俄尼索斯式的梦境颠覆——木制的阳具下,人与兽群纵欲狂欢,暴烈而残酷。

在弥留之际,阿申巴赫在海滩上凝望他的爱人,塔奇奥走进了"烟雾迷蒙与无边无际"(das Nebelhaft-Grenzenlose)的大海（*FA* II.I, 592; cf. *DN*, 366）。当少年转过身看看自己的仰慕者，朝他微笑，示意他跟随时，阿申巴赫认为自己就是赫耳墨斯，是少年的灵魂向导，并许诺其在海上的自由是坚不可摧的"意志"的象征，是整个生命的象征。最后一段属于传记作者本人，他不知道阿申巴赫获得了自由。1912 年 10 月和 11 月，《死于威尼斯》在《新评论》(*Die Neue Rundschau*) 上连载，后于 1913 年 2 月以单行本出版。

小说中提到了这一时期紧张的政治局势：当阿申巴赫的船抵达威尼斯时，来自普拉镇（Pola，今克罗地亚的普拉镇）的讲意大利语的年轻乘客，对着正在操练的意大利军队大声欢呼；波兰少年塔奇奥厌恶一个俄罗斯家庭；即将到来的第一次世界大战爆发的根本原因之一，即奥匈帝国和俄罗斯的政治精英们担心他们国家作为帝国的大国地位受到了国内怀有民族主义野心的不满民众的威胁。

1913 年 3 月，亨利希·曼在自由派杂志《三月》(*März*) 上发表了一篇关于这部小说的奇怪评论。[1] 他将这部小说的情节描述为一位文学大师被一座病态城市的美景所迷惑，而这座城市代表的正是威廉时代的德国。这篇评论写得好像他的弟弟加入了自己所反对的德意志帝国，而这篇小说

---

[1] Manfred Hahn, Anne Flierl and Wolfgang Klein, eds, *Heinrich Mann, Essays und Publizistik: Kritische Gesamtausgabe* (Bielefeld, 2012), vol. II, pp. 130-132.

则似乎预示着一个帝国的灭亡,很像左拉的《卢贡-马卡尔家族》(*Rougon-Macquart*)系列小说。[1]

亨利希·曼并不是唯一预言战争的人。1894年的法俄同盟令德国感受到了威胁,德国担心陷入两线作战的危局。与英国结盟本可以缓解这种威胁,但德国从1898年开始打造战舰舰队以遏制英国海军力量的举措,消除了这种选择的可能。在维多利亚女王之孙凯撒·威廉(Kaiser Wilhelm)的关注和推进下,德国这一鲁莽的举措迫使英国决定参加海军军备竞赛,并与法国和俄罗斯缔结了三国协约。德国唯一可靠的盟友奥匈帝国曾与俄罗斯争夺在巴尔干地区的统治权。为了给被暗杀的皇帝继承人弗朗茨·斐迪南(Franz Ferdinand)复仇,奥匈帝国举兵攻打塞尔维亚(Serbia),发动了一场战争,但这场战争很快演变成不惜一切代价夺取胜利的战争,失去了所有的政治意义。

1913年夏末,托马斯·曼中断了《大骗子菲利克斯·克鲁尔的自白》的写作,打算写一个中篇小说,他将之称为《死于威尼斯》的幽默对照(*FA* XXI, 527)。这部小说注定将发展为小说《魔山》(1924)。故事的背景是阿尔卑斯山的一家疗养院,这是因为1912年春天托马斯·曼曾到

---

[1] 译文见 *LR*, pp. 269–271。德文文本载于 Ehrhard Bahr, *Thomas Mann, Der Tod in Venedig, Erläuterungen und Documente* (Stuttgart, 2005), pp. 136–138。埃利斯·舒克曼(Ellis Shookman)在 *Thomas Mann's Death in Venice: A Novella and Its Critics* (Rochester, NY, 2003)中介绍和选迈了有关《死于威尼斯》的大量评论。

达沃斯（Davos）看望在那儿接受治疗的卡蒂亚。

在 1913 年 11 月 8 日写给亨利希·曼的信中，托马斯·曼说他正在写的小说并没有那么幽默。他哀叹，自己无法像亨利希·曼那样在这个世界上立足。一种与生俱来的"对死亡的同情"在他心中不断滋长，同时他对世界和国家的状况愈发感到忧虑："被时代和祖国的全部苦难所压垮，却无力描绘这些苦难，这是多么的可怕。"（*FA* XXI, 535; cf. *LR*, 119）但表面上看来，托马斯·曼的疑虑只是暂时阻碍了他的创作；几个月来，他在《魔山》的写作上取得了稳步进展。在这封写给亨利希·曼的信中，首次出现了他关于"对死亡的同情"的表达，从而使得这部小说呈现出阴郁的基调。因为人死后，所有与世界的联系都停止了，思索死亡问题对于有创造力的作家来说是一种解放，

卡蒂亚·曼在奥博斯多夫（Oberstdorf）疗养院，1920 年。

但死亡也提醒着人们生命的终结和一切成就的终结。"对死亡的同情"是一种矛盾的表达。

1914年8月战争爆发时,托马斯·曼和大多数德国人一样,深信自己的国家受到了俄罗斯总动员的威胁。在被敌对国家包围的情况下,德国需要突围。起初,他对这场战争的判断相当正确,认为它是一场灾难(*FA* XXII, 38)。但是,德国市民渴望保家卫国的热烈反应很快就让他激动不已,他以自己的战争随笔支持了这一共同目标。曼氏兄弟对战争的不同反应,使他们之间挥之不去的不信任变成了公开的冲突,他们只通过出版物互相喊话。亨利希·曼在1917年12月30日发起的和解努力并未成功。兄弟俩的和解不得不等到1922年;即便如此,双方的关系仍然相当脆弱。

这位战争狂热分子被免除了兵役。托马斯·曼的几本战争作品都提到,战壕是唯一值得尊敬的地方,但他确信自己的神经会崩溃,于是选择用写作来代替服役。1914年11月,他发表在《新评论》上的一篇文章,即《战争中的思考》(*Gedanken im Kriege*),反对同盟国通过击败德国军国主义来拯救文明的战争目标。他认为,文化比文明更高级,且与艺术和战争皆可相容。托马斯·曼的战争随笔让当代读者感到尴尬;这些言论很快也让他自己感到尴尬,他在给朋友的信中为这些言论开脱,称其为"无根据的新闻报道"(*FA* XXII, 44)。

在《腓特烈大帝与大联盟》（*Friedrich und die grosse Koalition*, 1914）中，托马斯·曼使用了他关于普鲁士国王生平的研究材料。腓特烈以入侵萨克森（Saxony）揭开了"七年战争"的序幕，现在托马斯·曼认为这是历史的必然，堪比德国入侵比利时。他希望历史能够重演，让德国毫发无伤地从战争中走出来，但他也看到了令人担忧的事情。

在答复瑞典一家报纸关于如何恢复交战国家之间的文化关系的调查问卷时［《致〈瑞典日报〉编辑部》（*An die Redaktion von Svenska Dagbladet*）］，托马斯·曼愤怒地控诉德国敌人的战争宣传。尽管他不再期待德国在 1915 年 5 月之前取得胜利，但他坚称，如果受到羞辱，德国将竭尽全力恢复其力量。事实证明，这个预言完全正确。

托马斯·曼的战争随笔《一个不问政治者的沉思》（*Betrachtungen eines Unpolitischen*）读起来很费劲。总的来说，这部作品的思考缺乏其叙事散文的清晰度。他的意图可以理解为是对亨利希·曼的一个长篇答复，后者劝他致力于以自己的作品宣传一个更加民主的德国。对托马斯·曼来说，他笔下所定义的"不问政治"，即免受政治裹挟的自由。"自由、责任和更自由，这就是德国。"他写道（*FA* XIII. I, 305; *RM*, 202）。

亨利希·曼支持法兰西共和国及其党派政治活动，而托马斯·曼则认为法国的民主是一种财阀政治，统治着一群对繁荣充满热情的人（*FA* XIII. I, 263；*RM*, 174），他在《布登勃洛克一家》中对这种政治品质进行了反面描写。他认为民主不过是一场权力斗争。尽管曼氏兄弟所在的德国是一个拥有立法机构、议会和党派政治的君主立宪制国家，但德国"有教养的市民"坚持一种由君主支持的仁慈而自治的首相的理念，他还将德国的社会进步归功于这种制度（*FA* XIII. I, 285；*RM*, 188）。他也确实提出了变革的建议：精神（Geist）和权力应该在人民国家（Volksstaat）中合作，指定少数的"有教养的市民"为优先的统治者。有一点是进步的，即托马斯·曼主张取消富人享有的教育特权（*FA* XIII. I, 282；*RM*, 187）。

在《一个不问政治者的沉思》这本书的诸多矛盾说法中，关于民族主义的矛盾极有特色：托马斯·曼声称，由于历史原因，德国既是民族的，又是跨民族的。他写道：日耳曼部落通过抵抗罗马帝国而保持了自己的特色。后来，他们反抗罗马教会和拿破仑统治欧洲。但同样是这个德国，也会从世界主义的角度考虑问题，从欧洲中部往东往西看。一个不问政治的人可能会把这场战争看作是"欧洲兄弟之间的纷争"（*FA* XIII. I, 52；cf. *RM*, 29）。

托马斯·曼对同情法国文明的德国人表示了强烈的敌意，认为这些人无视国家对战争的付出。他称他们为"文明文人"（Zivilisationsliteraten），即为"文明"写作的文人，最主要的文明文人就是他的哥哥亨利希·曼。亨利希·曼

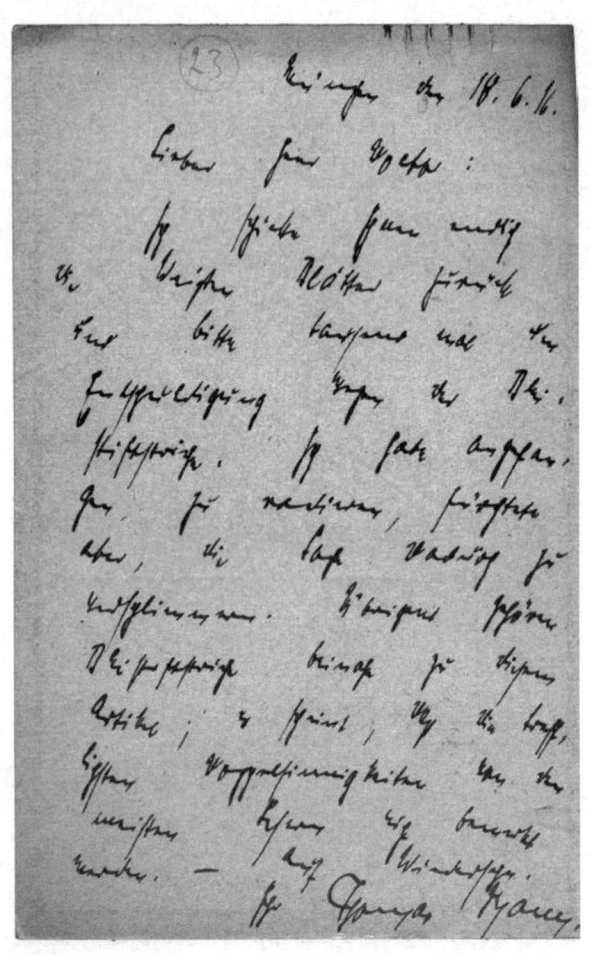

在这张 1916 年 6 月 18 日寄给马克西米利安·布兰特尔（Maximilian Brantl）的明信片中，托马斯·曼为自己在亨利希·曼的《论左拉》中用铅笔写下的评论道歉。

借左拉抨击法国军事当局的口吻，谴责德国战争的支持者，特别是他的弟弟托马斯·曼，只不过没有点名："为了成为民族诗人而奋斗了半辈子，只要还有一口气，就总是随波逐流，总是热情鼓吹，总是狂热如火，对日益严重的灾难毫无责任感，甚至和其他人一样对此一无所知。"一个墨守成规的作家，"纵然天赋异禀，也不过是一个给人逗趣的寄生虫"。[1] 亨利希·曼的《论左拉》(Zola)发表于1915年11月。托马斯·曼备受侮辱，便写了《一个不问政治者的沉思》一书予以回击。他在1918年3月写完这本书，同年10月，即战争结束前几周出版。写完这本书后，战争仍在继续，托马斯·曼写下了田园诗般的自传体故事《主人与狗》(Herr und Hund, 1919)。故事里有诸多对风景的描述，这对他来说很不寻常。

在1918年9月11日至1921年12月1日这段时间的日记中，我们可以找到托马斯·曼对战争失败的回应。[2] 在得知德国最高指挥部认为有必要结束战争后，他在1918年10月5日的日记中写道："灾难已经来临，德国保守主义

---

[1] Heinrich Mann, *Essays und Publizistik*, p.199.
[2] 1945年5月，托马斯·曼销毁了1933年之前的日记；不过他为创作《浮士德博士》保留了1918年至1921年的日记。所有的日记引文均出现在正文中。Peter de Mendelssohn, ed., *Thomas Mann: Tagebücher 1918 - 1921* (Frankfurt/Main, 1979); *Tagebücher 1933 - 1934* (Frankfurt/Main, 1977); *Tagebücher 1935 - 1936* (Frankfurt/Main, 1978); *Tagebücher 1937 - 1939* (Frankfurt/Main, 1980); *Tagebücher 1940 - 1943* (Frankfurt/Main, 1982). Inge Jens, ed., *Tagebücher 1944 to 1. 4. 1946* (Frankfurt/Main, 1986); *Tagebücher 28. 5. 1946 - 31. 12. 1948* (Frankfurt/Main, 1989). *Tagebücher 1949 - 1950* (Frankfurt/Main, 1991); *Tagebücher, 1951 - 1952* (Frankfurt/Main, 1993); *Tagebücher 1953 - 1955* (Frankfurt/Main, 1995).

思想在全球范围内的失败也随之而来。"11月9日,在记录了停战协定这一令人震惊的消息的第二天,日记中表现出一种更为积极的情绪;此时,这位日记作者不再反对德意志共和国,也不再为威廉二世的退位或其他德国君主整体的灭亡而惋惜。[1]

1918年11月8日,巴伐利亚州爆发了一场社会主义革命,一天后,由社会民主党领导的德意志共和国在柏林宣告成立。当托马斯·曼被要求宣布支持革命时,他照办了。他写道,这个国家感觉被未来的能量所控制,就像1914年那样。在1919年的选举中,他投票支持民主中产阶级政党。[2] 他对无政府主义、非马克思主义作家古斯塔夫·兰道尔(Gustav Landauer)在其著作《论社会主义》(*For Socialism*, 1911)中提出的社会目标持同情态度,但对书中的乌托邦特征表示怀疑;此书相当于中世纪世界观及其前资本主义经济秩序的材料,这些资料为他继续写作《魔山》做了准备。[3] 巴伐利亚共和国的革命发展得更为激进;在1919年,议会共和国(Räterepublik,追随苏维埃俄国)变成了共产主义国家。此时,这本日记里充满了对其房屋可能被征用或被无产阶级团伙抢劫的恐惧。

---

[1] 1918年11月12日日记。
[2] 日记记录了托马斯·曼参加1919年1月12日巴伐利亚州议会选举的情况。他把选票投给了大多数巴伐利亚人都支持的中产阶级政党——巴伐利亚人民党。日记中没有关于他把票投给国民议会政党的记录。
[3] Friedrich Eicken, *Geschichte und System der mittelalterlichen Weltanschauung* (Stuttgart, 1887).

与六个月大的女儿伊丽莎白（Elisabeth）平静快乐的相处，帮助托马斯·曼克服了恐惧和失望。1918年11月2日，在巴伐利亚革命爆发前几天，他开始写一首关于孩子的六音步诗的大纲。但是，他仍无法不关注外界。1918年12月21日，日记记录了他对德国战前外交政策的"愚蠢"（hirnverbrannt）失败的最初见解。

1919年4月底，卡蒂亚生下了他们的第六个孩子迈克尔（Michael）。5月初，在资产阶级人质被处决后，慕尼黑议会共和国落入联邦军队之手。这种暴行让托马斯·曼感到不安，但一个月后，他签署了一份呼吁针对巴伐利亚政府和解政策的请愿书，并协助保护曾在议会共和国发挥重要作用的剧作家恩斯特·托勒尔（Ernst Toller）。[1] 托勒尔因此获得了赦免。

1920年1月19日，托马斯·曼设想在德国建立一个保守主义（有教养的市民）与社会主义的联盟，而不是议会民主制。与此同时，以希特勒为主要发言人的国家社会主义工人党在慕尼黑成立，该党要求社会主义仅限于民族国家，反对国际马克思主义。与托马斯·曼的设想不同的是，该党的政见传达出极端的反犹信号。1921年，托马斯·曼抗议"⅏字骚扰"（Hakenkreuz-Unfug），

---

[1] Georg Potempa, ed., *Thomas Mann: Beteiligung an politschen Aufrufen und anderen kollektiven Publikationen* (Morsum/Sylt, 1988), pp. 27 - 28；1919年6月18日日记。

并很快开始减轻对"民主"这个词的疑虑。他保留对社会主义的看法,认为即使是俄国布尔什维克主义的形式,社会主义也有可能成为资产阶级民主的一种"矫正方案"。[1] 但他避免被视为"政党活动家(Parteimensch)"(*FA* XXIII. I, 350)。

三个月后,托马斯·曼继续写作《魔山》,他撰写了《前言》(*Vorsatz*,意为前言和意图),表示要讲述一个来自"最遥远的过去"的故事。第二章讲述了汉斯·卡斯托尔普(Hans Castorp)的少年时代和职业选择,描述了战前——通常被怀旧地视为"美好年代"(la belle époque)或黄金时代——消极的社会状况。叙述者指责这段时期未能回答有关价值的问题(*FA* V. I, 54; cf. *MW*, 37),正如托马斯·曼本人在 1913 年 11 月 8 日写给亨利希·曼的信中所写的那样,他哀叹由于缺乏信仰而导致的"时代的悲哀"。

汉斯·卡斯托尔普在疗养院的隔绝生活,影射了一个浪漫的神话:吟游诗人、骑士唐豪瑟(Tannhäuser)与维纳斯(Venus)一起生活在山洞里,渴望获得自由。小说中偶尔会提到瓦格纳的歌剧。但故事颠倒了过来,卡斯托尔普倒是在与世隔绝的疗养院里获得了自由。和许多同时代的人一样,他在青少年时期无法为自己确定一个持久的目

---

[1] 参见 1928 年致埃里希·科赫-维塞尔(Erich Koch-Weser)的信(*FA* XXIII. I, 374);托马斯·曼认为布尔什维克主义是一种"对世界重要且具有决定意义的"(weltwichtig und weltbestimmend)纠正原则。

标；到疗养院后他可以着手寻找人生真正的目标了。相比之下，他的病友们却把时间浪费在无聊的活动上，这些活动最终会控制他们，而人们在伯格霍夫疗养院都会逐渐衰亡。

汉斯·卡斯托尔普所享受的自由，是对作者托马斯·曼所主张的自由的滑稽模仿。这是他与哥哥争论的焦点，后者一直致力于政治活动。在疗养院里，这对儿兄弟的思想分歧通过意大利人文主义者罗多维科·塞塔姆布里尼（Lodovico Settembrini）来体现，他执意要向卡斯托尔普传授启蒙的理性思想。尽管塞塔姆布里尼坚定地这样做了，但他的晚期肺结核给他的努力蒙上了一层负面的阴影，无论是对主人公还是读者都是如此。此外，汉斯心烦意乱，因为他爱上了一个叫克劳迪娅·肖夏（Clawdia Chauchat）的俄罗斯女人，她的容貌勾起了他的一段旧日回忆：回忆的对象是一个他单方面痴迷的同性同学。异性恋与同性之爱、对死亡的思考以及强烈的自由意识，使汉斯·卡斯托尔普成为抵制西方意识形态的德国浪漫主义者。

尽管卡斯托尔普只计划了短暂的访问，但当主治医生发现他的肺部有轻微的阴影时，他还是很高兴，因为他有理由在疗养院里多待一段时间了。他借此机会观察了许多正在接受治疗的国际病人，所以这本小说一定程度上变成了一部社会小说。一幅关于一战前欧洲的批判性图景跃然纸上。汉斯·卡斯托尔普最终用法语向那位充满异国情调的俄罗斯女士表白，赢得了她的芳心，这唤起了他关于身体、性和死亡矛盾统一的浪漫主义观念。

克劳迪娅在与卡斯托尔普亲密接触后的第二天就离开了。当她回来时，陪同她的是咖啡大王明希尔·皮佩尔科尔恩（Mynheer Peeperkorn）。但卡斯托尔普并没有屈服于嫉妒，而是超越了自己的欲望，将其转化为与支持皮佩尔科尔恩的克劳迪娅的爱情联盟，他们都担心他会死（*FA* V.I, 906 - 907；*MW*, 712）。在这个联盟中，爱被人性化了。在与克劳迪娅交谈时，汉斯把死亡称为"亲切的原则"（genial principle），能够让人对生命和人性有新的认识（*FA* V.I, 903；*MW*, 709）。他对死亡的看法仍然符合叔本华的信条：必须在脱离一切束缚、脱离"意志"的背景下看待生命和爱，"意志"既是虚无，又是一切存在的源泉。

由于克劳迪娅的缺席，一个新的对手开始挑战塞塔姆布里尼的自由主义和启蒙思想。他就是利奥·纳夫塔（Leo Naphta），生于犹太村，皈依天主教后在耶稣会学校接受训练。纳夫塔将中世纪的经济与邪恶的资本主义对立起来，同时提出了一种矫正措施，即通过恐怖手段建立由上帝统治的共产主义（*FA* V.I, 604 - 609；*MW*, 474 - 478）。尽管托马斯·曼在遇到匈牙利马克思主义者格奥尔格·卢卡奇（György Lukács）时，有机会观察纳夫塔这位原型的严苛言辞，但纳夫塔的观点并不是照搬卢卡奇的马克思主义。[1]

纳夫塔和塞塔姆布里尼的影响都抵不过明希尔·皮佩尔科尔恩，他盛气凌人的做派彰显了对"生命"的崇拜。这样一种生命崇拜运动，就像一种替代性宗教，起源于尼采哲学之后的战前文学。皮佩尔科尔恩把自己装扮成酒神巴克斯（Bacchus）或狄奥尼索斯（Dionysus），并模仿和嘲弄基督教的意象：当他看到一只鹰时，他同情猛禽袭击羔羊，抹杀仁慈的象征。但是他也可以模仿耶稣在客西马尼（Gethsemane）的声音，或者歪着头，像被钉在十字架上一样。殉道者可能突然变成异教祭司，呼唤"情欲的圣礼"（*FA* V.I, 894; *MW*, 702）。皮佩尔科尔恩觉察到汉斯·卡斯托尔普是他与克劳迪娅感情的竞争对手，因此宣称自己的"生命"信条："生命"是一种力量；失去它就意味着失败，是一种没有怜悯且无法宽恕的罪过（*FA* V.I, 855; *MW*, 672）。当他真正失去性能力时，他自杀了；而这与他对生命的崇拜自相矛盾。皮佩尔科尔恩这一插曲讽刺了建立替代性宗教的潮流。在塑造皮佩尔科尔恩这个人物形象时，托马斯·曼模仿了盖哈特·霍普特曼（Gerhart Hauptmann）的许多怪癖，霍普特曼当时被认为是德国最伟大的作家。霍普特曼意识到自己被作为原型后，理所当然地感到很恼火，

---

[1] Judith Marcus, *Georg Lukács and Thomas Mann: A Study in the Sociology of Literature* (Amherst, MA, 1987).

而作者给他写了一封诚恳的信,终于平息了他的怒火(*FA* XXIII. I, 143)。

与盖哈特·霍普特曼(中)及家人在希登塞岛(Hiddensee)的克罗斯特(Kloster)度假,1924年。

汉斯·卡斯托尔普在滑雪时做了一个梦,梦见自己在雪地里睡着了,从而找到了人生矛盾的答案。醒来后,他反思了自己在梦中看到的人类活动快乐与恐怖的景象,并得出结论,人类必须与这些矛盾共存。上帝或魔鬼、善或恶、死亡或生命、精神或自然,对上帝置于中心的"神人之子"(homo dei)而言不过是种补充。有了这些体悟,卡斯托尔普发誓说:"为了善和爱,人们不应让死亡支配其思想。"(*FA* V. I, 747 - 748; cf. *MW*, 587 - 588)沉溺于死亡的虚无主义自由应该让位给仁慈和慈善。但是，这种洞见与小说的情节不符；这只是传达给读者的一个信息，因为卡斯托尔普忘记了他的誓言，继续留在与世隔绝的疗养院中。

  1914年8月，托马斯·曼决定以战争的爆发作为《魔山》的结局。[1] 此时他对战争结果仍然充满信心，他预计战后环境可能会发生变化：德国的影响力将终结欧洲的货币导向型经济体系。汉斯·卡斯托尔普利用他在疗养院的自由探索了一种新的社会取向。但在1923年和1924年托马斯·曼写完最后几章时，这样的设想已荡然无存。卡斯托尔普已经忘记了他的梦想，而爱，作为一个社会决定因素，只在小说的最后一句话中以一个问题的形式出现：爱是否能从"全世界的死亡狂欢"中复活（*FA* V.I, 1085；*MW*, 854）。

  在《清音妙曲》（Fülle des Wohllauts）这一章的结尾，叙述者将注意力聚焦于读者，讨论了《菩提树》的曲调（Lied），这是卡斯托尔普最喜欢的唱片之一。这是一首浪漫的民族主义之歌，是战争根源之一，现在必须抛弃，就像尼采尽管热爱瓦格纳的音乐，却抛弃了它。未来属于一种新的爱的理念，当尼采临终时，他的嘴边还挂着这句话，

---

[1] 参见1914年8月22日致塞缪尔·费舍尔的信。此信全文无法查阅，部分内容曾发表于 Hans Wysling and Marianne Fischer, eds, *Dichter über ihre Dichtungen: Thomas Mann*, vol. I (Munich, 1975), pp. 453–454。

尽管他已无法说出口。[1] 在最后一幕中,汉斯·卡斯托尔普在战场上狂奔,仍然唱着他的歌;他仍在为浪漫的民族主义而战,并可能为此献身。1924 年,当《魔山》的最后几页写完时,一种"新的爱"在社会主义和欧洲的合作中得到了表达。

---

[1] 1924 年,托马斯·曼在尼采 80 岁寿辰之际发表的演讲(*FA* XV.I, 791)清楚地表明,代表作者发言的叙述者心中想到的是尼采,但并未指名道姓。

5 魏玛共和国和两部约瑟小说

托马斯·曼从德国罗曼语教授恩斯特·罗伯特·库尔提乌斯（Ernst Robert Curtius）那里得知，法国正在进行改革运动，其目标与他本人的想法相似，这让他非常高兴。在《德法关系的问题》（*Das Problem der deutsch-französischen Beziehungen*，1922）一文中，托马斯·曼对像安德烈·纪德（André Gide）这样希望增进德法文化交流的法国作家表示欢迎。纪德的国际主义与库尔提乌斯的国际主义都与战后笼罩在法德的激进民族主义格格不入。

本着这种精神，托马斯·曼欣然接受了家乡吕贝克的邀请，为"北欧周"（Nordic Week）尽一份力，该活动旨在鼓励德国和斯堪的纳维亚国家之间的联系。他将自己的演讲命名为《歌德与托尔斯泰》（*Goethe und Tolstoi*，1922），该演讲表明尽管他们之间存在种种差异，但这两位作家都对教育抱有浓厚的兴趣，并极为关注人道主义（德语词为

Humanität)。托马斯·曼此时开始用"人道主义"这个词来代替"民主",用以描述他希望在德国发展的物质主义程度较低的社会形式。他在多个城市和国家重复演讲,无论是演讲还是朗读作品,他都乐于与观众接触。

许多德国人无法接受战败的事实,将投降归咎于社会主义犹太人,反犹太主义加剧。成功的作家雅各布·瓦塞尔曼(Jakob Wassermann)在他的自传《我作为德国人和犹太人的生活》(*Mein Weg als Deutscher und Jude*, 1921)中抱怨说,他遭遇了无情的反犹敌意,这主要因为他认为自己是"德国犹太人",而非"犹太人"。他的这种说法不无道理,因为不仅他的家族世世代代生活在德国,而且他

托马斯·曼在书桌前,慕尼黑,1922 年。

的作品也以德国或德国犹太人为主题。托马斯·曼提醒他的朋友,仅仅是他的成功就使他成了一个局外人,在德国这种世界大国里,所有的好作家皆是如此(GW XIII, 463-465)。瓦塞尔曼无法接受这种说法,因为托马斯·曼很难理解一个人的出身不断被贬低意味着什么(GW XIII, 887-889)。

1922年1月,亨利希·曼患上好几种危及生命的疾病。托马斯送来了鲜花和衷心的祝福,表示如果亨利希·曼也有同感,他希望能和解(FA XXII, 422-423)。和解后,兄弟俩在公开场合变得亲密,但关系仍然相当脆弱。

这个新的德意志共和国政府从未赢得有教养的市民的全力支持。第一任德国总统弗里德里希·艾伯特(Friedrich Ebert)在1913年至1919年间担任社会民主党的领导人,革命期间他在建立秩序方面发挥了重要作用,但几乎没有得到任何赞扬。1920年的选举中,共和国的创始政党失去了多数席位,这是一个永远无法逆转的挫折。托马斯·曼曾于1922年在美因河畔法兰克福举行的歌德庆典上见过艾伯特总统,他非常欣赏总统不卑不亢的风度。

《凡尔赛条约》(Treaty of Versailles)要求德国为战争造成的破坏支付赔款;法国需要这些赔偿金来偿还美国的战争贷款,并威胁要占领鲁尔(Ruhr)工业区,以武力获取煤炭供应。1921年,三党联盟——中心党(天主教)、社会民主党和一个左翼自由党——设法暂时拖延了法国对鲁

雅各布·瓦塞尔曼、托马斯·曼和塞缪尔·费舍尔在瑞士圣莫里茨（St Moritz），1931 年。

尔区的占领。次年，作为外交部长，左翼自由党的创始人之一，瓦尔特·拉特瑙（Walther Rathenau）在意大利拉帕洛（Rapallo）与苏维埃俄国签订了一个条约，为陷入困境的德国赢得了一线生机。拉特瑙出身于一个犹太实业家庭。他认为自己完全是德国人，但民族主义者不能容忍一个犹太人作为政治领袖。后来，一个恐怖组织暗杀了他。

托马斯·曼（右）与哥哥亨利希·曼在柏林，1927年。

当托马斯·曼得知拉特瑙被暗杀的消息时，他决定将一篇献予剧作家盖哈特·霍普特曼60岁生日的文章改写成一篇给大学生的演讲稿,希望以此赢得他们对新共和国的支持。在这篇题为《致德意志共和国》(*Von deutscher Republik*, 1922)的演讲稿中,托马斯·曼称霍普特曼是"共和国的国王"。霍普特曼一直是宪法的支持者。托马斯·曼把对他的欣赏与对学生的演讲结合起来这一想法表明,他希望作家能够取代昔日的王室成员,为国家指明所需的方向。

随着1923年鲁尔区被占领,德国经济崩溃。在失控的通货膨胀中,物资和食物严重匮乏,托马斯·曼这位终生的悲观主义者却仍然试图为自己的国家描绘出积极的未来前景。在为美国杂志《当代历史》(*Current History*)撰写的文章中,他向读者保证,德国的知识分子愿意积极投身政治,这是他们命运的一部分,而这却是他在《一个不问政治者的沉思》中所强烈反对的。尽管他将德国极权主义运动的兴起归咎于法国的严苛政策,但他同时向读者保证,这些运动没有未来。在给美国《日晷》(*The Dial*)杂志的信中,托马斯·曼抱怨说,由于法国要求德国支付无法承担的赔款,德国即将崩溃,而全世界却无动于衷。他声称,这种政策之所以被容忍,是因为同盟国的战争宣传造成了挥之不去的伤害,这些宣传给德国人贴上了匈奴人和野蛮人的标签,认为德国人应受到严厉对待。

然而,托马斯·曼的公众角色影响力不断扩大。1924

年，笔会（The Pen Club）在伦敦为他举办了一场晚宴，在那里他遇到了萧伯纳、约翰·高尔斯华绥（John Galsworthy）和威尔斯（H. G. Wells）。而在国内，他备受争议：《致德意志共和国》使他与许多具有民族主义倾向的有教养的市民疏远了。他与曾经是自由派刊物的慕尼黑主要报纸《慕尼黑最新消息》（*Münchener Neueste Nachrichten*）之间的敌意与日俱增。1924年，在一篇庆祝作家理卡达·胡赫（Ricarda Huch）60岁生日的文章中，托马斯·曼反对区分诗人（Dichter）和作家（Schriftsteller）。保守派质疑这位散文作家在德国文化中所扮演的代表性角色，否认他有能力像《歌德与托尔斯泰》一文所设想的那样发挥创造性领导作用。托马斯·曼对文明文人的蔑视又重新萦绕在心。

托马斯·曼赞同神学家恩斯特·特洛奇（Ernst Troeltsch）文化哲学的观点，现在他认为从反对浪漫主义转向反对法国大革命的意识形态是德国的错误（*FA* XV.I, 723-726; *PL*, 141-146），但他仍然希望尼采能够引领（*FA* XV.I, 791）。在他看来，阿道夫·希特勒领导的民族社会主义运动是一种浪漫主义现象。实际上，浪漫主义的理念认为，高度工业化且具有企业家精神的德意志民族是由农民组成的，国家需要更多的农业用地，而想把德国组织成一个极权国家的倾向则毫无浪漫可言。

托马斯·曼的一部新随笔集被命名为《努力》[*Bemühungen*, 1925; 字面上意为"努力"：这个词代替了

"散文集（essays）"]。其核心内容是一个扩展版的《歌德与托尔斯泰》，增加了反对布尔什维克主义和谴责德国法西斯主义的内容。托马斯·曼称社会民主党是德国真正的国家政党，他希望劳动人民的代表能够与有教养的市民站在一起。大多数德国上层和中产阶级选民并不赞同托马斯·曼的政治倾向。在《过渡时期的婚姻》（Die Ehe im Übergang, 1925）一文中，托马斯·曼宣称同性恋之爱是浪漫唯美主义，因为它对"生命"没有贡献。相比之下，以忠诚为基础的婚姻被社会秩序和"生命"证明具备正当性。这篇文章是托马斯·曼反对法西斯浪漫主义的产物；它也带有自我否定的成分。

小说《颠倒错乱与早年的伤痛》（Unordnung und frühes Leid, 1925）以1923年德国泛滥成灾的通货膨胀为背景，反映了托马斯·曼决定摆脱叔本华式的永恒观念，从进步角度思考问题的艰难。这个家庭故事以自传经历为基础。故事中的父亲是托马斯·曼的自画像，他是一位历史教授，正在准备一份关于英国光荣革命的讲义。他将把威廉三世（William III）的繁荣与西班牙的菲利普二世（Philip II）对现代性进行的徒劳无益的斗争进行对比。虽然他喜爱菲利普的高贵，但也会谴责他的争斗。他对自己最小的孩子——5岁的女儿——的偏爱暴露了他一贯的浪漫主义。在晚间的一次孤独散步中，他承认他对这个孩子的强烈依恋实际上只不过是为了逃避以大孩子为代表的当下。然而他心爱的小女儿却迷恋上了她哥哥姐姐的客人，一个学生。教授不得不为他自己，也为他的作者认清一个事实——他不能生活在时间的洪流之外。

当托马斯·曼在1925年写这个故事时，道威斯计划（Dawes Plan）已经开始解决赔偿危机。英美向法国施压，迫使后者结束了对鲁尔区的占领。马克稳定下来了，但"混乱"仍是一个威胁。《颠倒错乱与早年的伤痛》是一份关于德国人民担心货币重回不稳定以及法国进一步施压的记录。这种恐惧笼罩着德意志共和国，并加速了它的灭亡。然而，对破坏性通货膨胀的担忧仍然是影响德国政治的一个因素。

1925年6月，托马斯·曼50岁生日之际，慕尼黑市政府在市政厅举行了盛大的庆祝活动。在致谢的时候，托马斯·曼说，他在晚年开始意识到，任何有价值的艺术作品都是在当时的社会背景下构思出来并被接受的。

1926年1月，他接受了卡耐基国际和平基金会巴黎分部的邀请，在巴黎发表演讲。不久前通过谈判达成的《洛迦诺条约》（treaties of Locarno）缓和了法德之间的敌对状态，为此次演讲提供了政治背景。在巴黎的演讲表达了托马斯·曼的信念，即两国的知识分子能够而且也应该对控制他们国家的政治气候施加影响。他向他的法国同行保证，德国人民将更加致力于民主理想，但这只是一个希望大于现实的评估。关于他在巴黎九天的详细叙述可以在《巴黎

在叙尔特岛的坎彭（Kampen）：托马斯·曼、卡蒂亚和他们最小的两个孩子，1927年。

艺术学院年会，柏林，1929年10月。

记事》(*Pariser Rechenschaft*, 1926) 中看到。在一段与辩论无关的旁注中，他谴责了阿尔弗雷德·鲍姆勒（Alfred

Baeumler)关于约翰·雅各布·巴霍芬(Johann Jakob Bachofen)的文章,认为该文章受保守意识形态的操纵,不适合当时的政治环境。我们将在《约瑟在埃及》(*Joseph in Ägypten*)中了解更多关于巴霍芬的信息。

同年,即1926年,普鲁士社会民主党政府在柏林艺术学院设立了文学艺术部。此举的目的是拉近德国文学作家与共和国的距离。托马斯·曼支持这一举措;他是创始成员之一,亨利希·曼也和他立场一致。但这一努力只取得了部分成功:一些作家选择置身事外;而民族主义作家则试图利用学院来推进他们的反民主目标。

自1925年以来,托马斯·曼一直在阅读西格蒙德·弗洛伊德的著作;《图腾与禁忌》(*Totem and Taboo*, 1913)是他创作约瑟主题小说时最喜欢的作品。当慕尼黑大学的

与卡蒂亚的父母阿尔弗雷德·普林斯海姆和海德薇格·普林斯海姆在尼丁(Nidden),1930年。

"民主学生俱乐部"(Club of Democratic Students)邀请他演讲时,他发表了题为《弗洛伊德在现代思想史上的地位》(*Die Stellung Freuds in der modernen Geistesgeschichte*, 1929)的演说。他称赞《图腾与禁忌》反映了人道主义,弗洛伊德的精神分析理论既继承了对抗理性唯物主义的浪漫主义,又继承了抵制滥用反动的新启蒙运动。

到1927年,托马斯·曼与民族主义资产阶级报刊的冲突越来越多。一位记者在发现新版《一个不问政治者的沉思》中有删节后,指责作者篡改了该书的民族主义意图。托马斯·曼向公众保证,他只删了一些有敌意的辩论。

中篇小说《马里奥与魔术师》(*Mario und der Zauberer*, 1930)写于1929年,取材于三年前托马斯·曼在意大利法西斯统治下的亲身经历——当时墨索里尼已经确立其独裁统治。在意大利海滨的一次家庭度假中,托马斯·曼经历了在民族自豪感掩护下的权力滥用。在他的故事中,西帕拉(Cipolla),一个把自己伪装成法西斯贵族的魔术师,强迫观众服从他的意志。他通过羞辱所选择的测试者,以一种恶意的方式成功地弥合了他自己与公众之间的距离。西帕拉的表演夸张而消极地体现了作者想从读者身上获得的力量。西帕拉说:"自由是存在的,意志也存在,但是,意志自由却不存在。"(*GW* VIII, 689; *SL* II, 195)托马斯·曼让他从叔本华的哲学角度来思考,而叔本华的哲学只给予非个人的"意志"自由。西帕拉能够让"意志"向他倾斜；意志在西帕拉的指挥下，成为魔术师与观众之间涌动的"液体"。他羞辱了那些反抗他的人。然而，对于局外人来说，他近乎完美的表现却是令人钦佩的成就。

由于托马斯·曼的孩子们称他为魔术师（Zauberer），那么他是否可能在控诉自己是一个滥用权力支配读者的作家？他把西帕拉设计成一个矛盾人物，是为了避免被人批判他有偏见吗？1929年至1930年，德国充斥着带有偏见的右翼文学作品。或许，托马斯·曼是想通过《马里奥与魔术师》树立一个积极的榜样。他以极端的方式结束了故事：西帕拉认为自己不需要尊重服务员，诱使马里奥亲吻了心爱之人后，马里奥为自己报了仇。虽然马里奥的形象只出现在最后几页，但这部中篇小说的标题却是《马里奥与魔术师》。杀死西帕拉是一次解放行动，它胜出了魔术师所有的非凡技艺。不过在1929年，这也只是一厢情愿。[1]

同年11月，瑞典学院授予托马斯·曼诺贝尔文学奖。他因此获得公众的广泛认可，但是民族主义者，特别是民族社会主义者以及媒体却因他支持共和国而更加敌视他。随着1929年10月美国股市崩盘，西方世界开始陷入经济大萧条，失业率迅速上升。1930年9月的德国选举反映了普遍的不满情绪：阿道夫·希特勒的纳粹党在国会的席位

---

[1] Manfred Dierks, 'Thomas Mann's Late Politics', in *A Companion to the Works of Thomas Mann*, ed. Herbert Lehnert and Eva Wessell (Rochester, NY, 2004), especially pp. 212–216.

从 12 个增加到 107 个。共产党也赢得了一些席位。共和国总统试图以紧急法令进行权威管理，但没有带来任何缓解，不满情绪有增无减。

诺贝尔文学奖，1929 年。

托马斯·曼对国家社会党日益增长的投票权感到震惊，于是他决定向他的读者，即有教养的市民，发表《德意志宣言：呼唤理性》（*Deutsche Ansprache: Ein Appell an die Vernunft*, 1930）。起初，他同意听众对《凡尔赛条约》进行抗议的必要性，之后，他转向鄙视国家社会党，称其意识形态是虚假的浪漫主义和虚假的现代主义。他坚持认为，能促进国家社会及其真正利益的政党是社会民主党，但市民阶层很少有人同意他的观点。1931 年，当他在位于吕贝克的母校文理中学向学生发表演讲，驳斥吁请领袖（Führer）

的呼声时,他的声音被嘘声淹没,不断传来的跺脚声让他的演讲沉寂下来[《向青年致辞》(*Ansprache an die Jugend*),1931; *GW* X, 316-327]。他在维也纳向社会民主党人演讲时则运气要好一些。

1932年是歌德逝世100周年。托马斯·曼为写一本关于歌德的书已做了大量准备工作。不过,他的写作计划并没有实现,但他用自己的研究材料做了两次演讲:一次是将歌德置于资产阶级时代的历史中——也就是我们所说的"现代",始于18世纪甚至文艺复兴时期——进行讨论;另一次则是将歌德视为民族作家加以歌颂。

虽然托马斯·曼在公开场合坚持认为大多数德国人不会容忍由纳粹接管,但他的私人信件反映出他对极权主义

歌德周年纪念巡回演讲,柏林,1932年。

和沙文主义政权的恐惧。1933年1月30日,当德国总统兴登堡(Hindenburg)任命希特勒为联合政府总理,新一届政府在国会获得多数票通过后,他仍然认为自己在巴伐利亚是安全的,因为在那里宗教党派占多数。

1933年2月10日,应慕尼黑歌德协会(Munich's Goethe Society)的邀请,托马斯·曼发表了题为《理查德·瓦格纳的苦难与伟大》(*Leiden und Grösse Richard Wagners*, 1933)的演讲,听众们报以热烈的掌声。第二天,托马斯·曼和妻子启程前往阿姆斯特丹(Amsterdam)、布鲁塞尔(Brussels)和巴黎,计划在这些地方再做关于瓦格纳的演讲(在布鲁塞尔和巴黎使用法语),那时两人都没意识到他们将无法回家了。他们原本计划去度个冬假,但很快就听说了当局对政权批评者的任意迫害,尤其是在慕尼黑,那里的警察很快就被纳粹控制了。我们现在知道的情况是,警方接到命令要在边境逮捕托马斯·曼,并准备把他关进集中营。

托马斯·曼夫妇在慕尼黑的住所很快被没收,一些私人物品——包括托马斯·曼的书桌和部分藏书——被转运到了瑞士友人那里,其中还有四卷本小说《约瑟和他的兄弟们》的手稿、笔记和原始材料。[1] 托马斯·曼于1925年

---

[1] *Die Geschichten Jaakobs* (1933; The Stories of Jacob), *Der junge Joseph* (1934; Young Joseph), *Joseph in Ägypten* (1936; Joseph in Egypt) and *Joseph der Ernährer* (1943; Joseph the Provider).

开始为写作这部小说展开研究,当时正值魏玛共和国形势相对较好的时期。《圣经》的故事为他提供了一个虚构理想的机会:一个自恋却聪明且富有创造力的局外人将适应这个世界,并成为一个有益于人民的领袖。

那年3月,托马斯·曼在一次地中海巡游期间短暂地参观了埃及的神庙。1930年2月,他与妻子进行了第二次埃及之旅,去了上埃及(Upper Egypt)和开罗(Cairo)博物馆。慕尼黑大学埃及学教授威廉·斯皮格尔伯格(Wilhelm Spiegelberg)担任他们的向导,并全程提供专业指导。离开开罗后,托马斯·曼夫妇又前往耶路撒冷(Jerusalem)和巴勒斯坦(Palestine)继续游历。

在约瑟小说的研究材料中,有一本书追溯了犹太《圣经》的东方背景,即阿尔弗雷德·耶利米亚斯(Alfred Jeremias)的《古老东方之光下的〈旧约〉》(*The Old Testament in the Light of the Ancient East*, 1911)。[1] 耶利米亚斯展示了《圣经》主题在东方神话中的前兆。托马斯·曼关于阿拉伯东部和埃及的专业藏书不断增加,并且大部分被完好保存。

在《约瑟和他的兄弟们》全书中,叙述者与读者建立了一种幽默的关系,他声称自己的故事并非虚构,因为他更倾向于依靠那些他所谓的不可动摇的"传统事实"(Tatsachen

---

[1] Alfred Jeremias, *Das alte Testament im Lichte des Alten Orients* (Leipzig, 1904). 托马斯·曼使用的是1916年的版本,现藏于苏黎世瑞士联邦理工学院的托马斯·曼档案馆。该藏本上有大量深入研读的痕迹。

访问上埃及，1930 年。

der Überlieferung, *FA* VII.1, 244; *JW*, 226)。但是, 这些"事实"往往会摇摆不定。例如, 托马斯·曼将雅各的天梯之梦与他被以扫之子以利法 (Eliphas) 打败联系起来。后一段情节并未出现在《圣经》的记载中, 这是托马斯·曼用《圣经》以外的希伯来语资料添加的。许多细节都涉及到除了亚伯拉罕的上帝以外的诸神神话, 并使这些神话与亚伯拉罕部落的关系比《圣经》所允许的要密切得多。

1926年底, 托马斯·曼开始创作《序曲: 堕入地狱》(*Vorspiel: Höllenfahrt*)。叙述者带着读者进入"人类的过去", 那时亚伯拉罕从巴比伦王国迁徙而来, 途经沙漠时与他的至高无上的真神相遇。托马斯·曼的叙述让《圣经》的故事在神话世界中上演, 在那里, 自我是由祖先的模式决定的, 时间被理解为循环的, 而非线性和固定的。在第二卷《青年约瑟》(*Der junge Joseph*, 1934) 中, 雅各的导师以利以谢 (Eliezer) 将自己与亚伯拉罕的导师相提并论, 后者并非雅各真正的祖父, 而是生活在很久以前的一个人。

序曲末尾的章节结合了诺斯替教派 (gnostic) 关于物质、灵魂和精神 (或智力; 德语为 Geist) 的推测, 以及关于天使和路西法 (Lucifer) 堕落的故事。这个有趣的故事来源于米卡·约瑟夫·本·戈里安 (Micha Josef Bin Gorion)

的《犹太故事集》。[1] 托马斯·曼利用犹太教和伊斯兰教的传说扩展了《圣经》的文本。在这个序曲的结尾,作者预言了雅各对约瑟的最后祝福:从天上也从地下,从精神也从物质。叙述者代表作者为本书祈求同样的祝福。

在《雅各的故事》(*Die Geschichten Jaakobs*, 1933) 的第一章,读者便见到了约瑟,他坐在父亲营地外的一口井旁,附近就是现在巴勒斯坦的希伯伦(Hebron)。当他焦急的父亲雅各(Jacob,书里拼作 Jaakob)寻找他的时候,他正在对着月亮和星星唱歌。雅各建立了自己的家庭,并在本族的拉班(Laban)家养了一大群羊。关于他在那里的生活,我们后面会了解到。

约瑟对其他神的神话有着浓厚的兴趣,尽管他忠于祖先的神。但是,虽然雅各和约瑟崇拜至高无上的神,但他们的世界仍然是一个神话世界,即被理解为一个滚动球体的世界。天半球和地半球相互对应。"故事从天上降下,就像神变成了人;故事……变成人间的故事,但并没有停止在天上的演绎,也没有停止以这样的形式讲述"(*FA* VII. I, 413; cf. *JW*, 353)。[2]

雅各的一生并不是公认的道德典范。从雅各偷走哥哥

---

[1] Mimekor Yisrael, *Classical Jewish Folktales* (Bloomington, IL, 1976); *Die Sagen der Juden*, collected by *Micha Joseph Bin Gorion* [i. e. Micha Josef Berdyczewski] (Frankfurt/Main), 1919.

[2] 关于这部作品内在辩证法的讨论,请参阅 Peter Pütz, 'Joseph and his Brothers', in *A Companion to the Works of Thomas Mann*, ed. Lehnert and Wessell, pp. 159 - 179。

以扫的祝福开始,就发生了一系列可疑的事件,叙述者认为这是有道理的,因为以扫比他弟弟更不适合塑造上帝的形象。当雅各的儿子们袭击西西姆(Sichem)时,上帝没有做出任何反应,而是利用象征盟约的割礼来欺骗西西姆人。托马斯·曼笔下的亚伯拉罕发现:他(上帝)不是善。他是整全(FA VII.I, 406; cf. JW, 348)。亚伯拉罕和雅各的神并不能保证普世伦理。

雅各逃往美索不达米亚(Mesopotamia)的拉班的故事,开始按时间顺序叙述,以一种近乎现实的方式将围绕雅各一家发生的事件作为前景,而神话世界活跃在背景中。上帝的安排推动着事件的发展。小神(Minor gods)存在,祝福创造财富,奇迹发生,雅各以一种非科学的方式增加了他的羊群。这些都是在公元前14世纪虚构的现实世界中公认的特征。

在《上帝的嫉妒》(Von Gottes Eifersucht)这一小节中,叙述者追述了利亚(Leah)生育能力强而拉切尔(Rachel,托马斯·曼称之为Rahel)多年不育是因为上帝嫉妒雅各感情丰富,需要加以抑制。同样是这位上帝,他捍卫自己的特权,将恩典散播给他所选择的任何人。雅各的上帝身上具有热情的沙漠之神雅虎(Yahoo)的一些特质。上帝仍在成长过程中。这是现代神学,不是《圣经》神学。

小说中的一段旁白可能透露了托马斯·曼自己的信仰。

拉切尔死后，上帝对雅各的祈求保持沉默。"主啊，你都做了什么？"叙述者继续讲述自己的想法：在这种情况下，没有答案。然而，人类灵魂的荣耀在于，沉默并没有使他们背离上帝，反而使他们能够领会不可理解之物的威严，并借此成长（*FA* VII.I, 358; cf. *JW*, 313）。真正的伟大是无法估量的。

1933年，塞缪尔·费舍尔在柏林出版了《雅各的故事》。这一年，阿道夫·希特勒夺取了政权。这家犹太人办的公司在柏林继续经营至1936年；那时，托马斯·曼已流亡到瑞士。

第二卷《青年约瑟》生动地讲述了《创世记》第37章的故事。托马斯·曼通过详细描写约瑟的教育经历，从而扩充了《圣经》的记载。约瑟从雅各的管家以利以谢那里了解到亚伯拉罕是如何发现上帝的。亚伯拉罕坚持只侍奉至高无上的神，以传统的方式寻找上帝，并用本体论证明了上帝的存在：既然上帝是最伟大的存在，那么他的存在就不能被否定。上帝既在亚伯拉罕之外——他表达了被发现的喜悦（*FA* VII.I, 400; *JW*, 344）——也在亚伯拉罕之内，因为亚伯拉罕"认为他存在（hervorgedacht）"（*FA* VII.I, 402; *JW*, 346）。既然上帝是整全的，那么他既是善的，也是恶的（*FA* VII.I, 405; *JW*, 347）。这也是托马斯·曼的神学观念。但是，在《亚伯拉罕如何发现上帝》(How Abraham Discovers God) 这一小节中并没有讽刺意味；它对崇高和神圣事务的敬畏是真诚的。

亚伯拉罕的上帝还不是普世的上帝。在公元前1300年的世界里还存在其他的神，《阿多奈的树林》（Der Adonishain）这一章暗示了约瑟对牧羊神塔穆兹·阿多纳（Tammuz Adonai）的依恋。约瑟带着弟弟便雅悯（Benjamin）来到一个供奉这位神的小树林。他满怀爱意地与弟弟分享这个秘密，后者不像利亚之子那样爱妒忌、心怀敌意。约瑟向便雅悯解释了妇女们如何重新演绎神话：一个年轻的神躺在小树林里，腰上有伤，已经死了。描写哀悼的妇女时，托马斯·曼引用了约翰·塞巴斯蒂安·巴赫《圣马太受难记》中的一句话［*FA* VII. I, 427：“我们泪流满面地坐下"（Wir setzen uns mit Tränen nieder）］。作者激活了读者的基督教情怀。约瑟戴着象征自我牺牲的桃金娘花环，而主阿多纳从他的坟墓中复活。一位年轻的妇女宣布了他的复活。

约瑟作为雅各的宠儿，他的智力优势和自我崇拜的梦想使他在兄弟们中成为一个局外人，他利用父亲的溺爱获得了"神奇彩衣"。小说将这件彩衣与拉切尔的新娘面纱——一种长袍（Ketônet）——相提并论。面纱上绣有神话中的场景和人物，其中最重要的是性和生育女神伊什塔尔（Ishtar；*FA* VII. I, 257, 259‑261；*JW*, 236, 238）。约瑟戴上面纱，僭取了伊什塔尔的力量，拥有了女性的某些维度。"我与我的母亲同一。"他对鲁本（Ruben）说。（*FA*

VII.I, 481; cf. *JW*, 405)

当兄弟们殴打约瑟时,他失去了他所确信的信念,即所有人必须爱他胜过爱自己。但是,托马斯·曼的故事唤起了人们对兄弟们的宽容。当他们把赤身裸体、被捆绑着的约瑟拖到枯井边时,他们能感觉到他皮肤的柔软(*FA* VII.I, 553; *JW*, 460)。这些描述带有同性恋的意味,如接下来的内容所暗示的:"他们对兄弟所做的一切,都是出于妒忌。"妒忌是一种扭曲的爱(*FA* VII.I, 554; *JW*, 461),而殴打又是一种变态的同性之爱。

田间的那个人是天使,他知道约瑟的命运,但他不能让约瑟知道他分享了上帝的全知全能。这个场景是对神学概念的幽默演绎。

为了能够了解自己的命运,约瑟必须首先突破自己的自恋。他在深坑中做到了这一点,承认自己的命运是不得不成为埃及的一个局外人,必须学会适应社会环境。唯有如此,他才能成为埃及人和他家族的救世主,而他的家族又将孕育出另一位救世主。当石头从枯井里被移开时,约瑟就像从他的坟墓里爬了起来,这一幕暗指耶稣的复活。《青年约瑟》的第七章,也是最后一章,讲述了雅各的哀悼,灵感来自《约伯记》(*the Book of Job*),这是一个关于上帝不可估量的恩典的故事。《青年约瑟》也于 1934 年在柏林出版。

滨海萨纳里 (Sanary-sur-Mer),法国,1933 年。

6 流亡中的约瑟和他的作者,《绿蒂在魏玛》

1933年2月19日,托马斯·曼夫妇在巴黎。在那里,托马斯·曼发表了法语版的瓦格纳演讲。同一天,在柏林的一个社会民主文化会议上,人们大声宣读了他为支持共和政体和人道主义形式的社会主义所写的报告。这篇报告引起了媒体的广泛关注,但多为负面报道,托马斯·曼随即决定放弃自己在祖国的公共角色。更直接的打击接踵而至:1933年4月16日,《慕尼黑最新消息》发表了一篇针对他瓦格纳演讲的书面抗议书。这家中产阶级报纸对他产生了敌意。42位教授、艺术家和官员,其中只有少数几个国家社会主义者,签署了这份抗议书,指责托马斯·曼贬低了瓦格纳这位伟大的民族思想家。他对纳粹的敌意并不感到惊讶,但令他意外的是,签名者大多是有教养的市民。他在阿罗萨(Arosa)开始写新的日记,记录他对生活突然发生改变的"病态恐惧"。

1933年夏天,托马斯·曼、卡蒂亚和最小的孩子们搬到了法国里维埃拉(Riviera),在那里他们与其他流亡的德国作家会合,其中包括哥哥亨利希·曼。托马斯·曼大一点的孩子们,克劳斯、艾丽卡(Erika)、戈洛(Golo)敦促他宣布反对纳粹政权,但在之后的三年里,托马斯·曼对纳粹政权没有任何直接的公开反对的表达。托马斯·曼的沉默是他的书仍然可以在德国出现的前提。"约瑟小说"的前两卷分别出版于1933年和1934年,非常畅销。但他的沉默是有代价的。

托马斯·曼的大儿子克劳斯在荷兰创办了一本杂志《聚集》(*Die Sammlung*),该杂志面向不再被允许在自己祖国发表作品的德国作家。第一期列出了同意在杂志上发表文章的作者名单,托马斯·曼名列其中。克劳斯的伯父亨利希·曼在那期杂志上发表的一篇政论文章引起了控制德国图书贸易的新监管机构的注意;该机构指示所有书店抵制这本杂志的撰稿人。费舍尔出版社与该机构谈判并达成一项协议,取消了抵制行动,但条件是所有希望继续在德国发表作品的作家必须退出《聚集》杂志。托马斯·曼不情愿地同意了。这一事件破坏了他与两个大孩子(艾丽卡和克劳斯)的关系,他们希望父亲与费舍尔断绝关系,转而与一家流亡者出版社合作。

1933年9月,托马斯·曼夫妇和年幼的孩子们搬进了苏黎世附近的库斯纳赫特(Küsnacht)一栋租来的房子,在此一直住到1938年移居美国前。1934年6月，托马斯·曼在纽约的美国出版商阿尔弗雷德·克诺夫（Alfred Knopf）为他的59岁生日和英文版《青年约瑟》的出版举办了联合庆祝活动；这次美国之行使托马斯·曼夫妇与美国建立了联系。

1934年夏，托马斯·曼中断了《约瑟在埃及》的写作，开始撰写一篇关于国家社会主义对德国文化造成损害的政论文章。但他放弃了写这篇文章，转而写了一部叙事性作品：《与堂吉诃德同行》（*Meerfahrt mit Don Quijote*，1935），这是一部虚构的日记，灵感来自他对米格尔·德·塞万提斯（Miguel de Cervantes）的《堂吉诃德》（*Don Quixote*）的阅读。这篇文章不会给仍然在柏林坚守的费舍尔出版公司或中立的瑞士出版公司造成麻烦。塞万提斯是一位虔诚的基督徒，也是国王的忠实臣民，他讲述了一个西班牙穆斯林被迫移民的故事；国王宣布他们改信基督教是不值得信任的。托马斯·曼回应了塞万提斯对他们苦难的描述：西班牙并没有因铲除穆斯林而变得更纯洁，反而变得更加贫困。《与堂吉诃德同行》成为1935年在柏林出版的散文集《大师们的苦难与伟大》（*Leiden und Grösse der Meister*）中的一部分。在1935年6月11日至7月12日的第二次美国之行中，托马斯·曼获得了哈佛大学的荣誉博士学位，并受邀参加白宫晚宴，会见了总统富兰克林·D·罗斯福及其夫人埃莉诺（Eleanor）。

1935年，纳粹当局剥夺了艾丽卡·曼和克劳斯·曼的德国公民身份，但当局迟迟没有对他们的父亲采取同样的措施。这位德国的诺贝尔奖得主盛名在外。当《新苏黎世报》(Neue Zürcher Zeitung)的文学副刊主编爱德华·科罗迪(Eduard Korrodi)将他与那些在巴黎出版反对纳粹政权的德语周刊的德国流亡者区分开来时，托马斯·曼给科罗迪写了一封信。这封信发表在1936年2月的苏黎世报纸《新日记》(Das Neue Tagebuch)上。在信中，他宣布与德国流亡者站在一起，不怕当局剥夺他的国籍。他说他避开了这个国家，因为在那里他比"那些三年来一直都在犹豫是否在全世界面前剥夺我德国身份"的人有更深的根基。他指责纳粹抛弃了欧洲文化、基督教和古典时代的根基，他们的反犹太主义正是针对这些根基（EK IV, 169-174）。同年5月，托马斯·曼和卡蒂亚前往维也纳，并为庆祝弗洛伊德80岁诞辰发表了题为《弗洛伊德与未来》(Freud und die Zukunft)的演讲。他称弗洛伊德是传播新人文主义的先驱，即传播他本人一直倡导的关注人权和福利的宗教。

1936年12月5日，随着奥运会的结束，德国政府取消了托马斯·曼的国籍，同时取消的还有他的夫人、女儿伊丽莎白和儿子迈克尔的公民身份。这一行动对他们毫无影响：一名捷克公民已经在11月为托马斯·曼夫妇在捷克斯洛伐克的一个小社区办理了入籍手续。不久之后，波恩大学撤销了 1919 年授予托马斯·曼的哲学荣誉博士学位。1937 年 1 月,瑞士出版商奥普雷希特(Oprecht)将学院院长的简短通知以及托马斯·曼的回应印成小册子,标题为《信件往来》(*Ein Briefwechsel*)。托马斯·曼的回应引用了他获得哈佛大学荣誉博士学位的理由:他维护了德国文化的尊严。托马斯·曼利用这个机会揭露了德国正在发生的一系列事件的"无与伦比的道德意义"。他宣称,现在的政权以其为战争而设计的武器威胁着全世界,而这是一场在欧洲不再被允许的战争。《信件往来》的结尾是一句祷告:"愿上帝保佑我们这个陷入黑暗并遭受虐待的国家,愿上帝教它如何与世界、与自己和平相处。"(*EK* IV, 183 - 191)

1933 年 3 月,托马斯·曼回归约瑟故事第三卷《约瑟在埃及》的写作。在这一卷的开头,约瑟将自己被带到埃及解释为上帝的旨意,打消了他的兄弟们要把他卖给沙漠商人的念头。他的命运现在集中在一个目标上:他将成为赡养者和救世主。对约瑟来说,时间不再是循环的,尽管他周围的神话世界并没有改变。

约瑟从奴隶变成波提乏(托马斯·曼给他取的名字是Peteprê)家族中的重要人物,其地位的初步提升是以童话故事的方式完成的。英雄周围都是一些平凡的人物:两个小矮人,忠诚的戈特利布(Gottlieb)和不诚实的杜杜(Dûdu)。但童话的手法并非这部作品的主导。姆特-埃姆-埃内特和波提乏的内心都很复杂:姆特-埃姆-埃内特扩大了自己作为象征性妻子的角色,而波提乏则反抗自己被阉割的命运,尽管他的反抗并不明显,但读者可以从他的行为中得出结论。叙述者虽然经常向读者介绍人物的想法,却赋予波提乏一个局外人的身份,他与作者一样,不想与他人分享自己的负担。

在约瑟被卖到波提乏家的过程中,叙述者谨慎地暗示了神的作用。波提乏的监工起初并不愿意买下约瑟,但当他看到约瑟的眼睛时,他动了心。叙述者补充道:"有可能——我们只是提供一个假设,而不是大胆断言——就在这个如此重要的时刻,约瑟祖先的计划之神不顾一切地帮助约瑟,让一束光落在他身上,能够让凝视者的心中产生预期的效果。"如果这个"自然故事"的超自然性质显得不合适,叙述者愿意撤回他的建议(*FA* VIII. I, 819; cf. *JW*, 650)。在这里,叙述者和他的作者很接近,他是在跟现代读者说话,但不确定他是否应该以一种可能被解读为超越虚构的方式来谈论一个永生的上帝。

当与约瑟交好的监工蒙特-卡乌(Mont-kaw)去世时,一个永生的上帝能否算作小说中的虚构人物的问题再次浮出水面。他的疾病和死亡以充满爱意的痛苦细节被叙述出来,就像自然主义小说中的情节一样。然而,上帝指引着约瑟的命运,他希望蒙特-卡乌死去,这样约瑟就可以复活。约瑟仍然感到内疚;他得出结论说,一切都源于上帝,但我们在他面前变得有罪。"人承担着上帝的罪责,如果有一天上帝决定承担我们的罪，那才是公平的。"(*FA* VIII. I, 102; cf. *JW*, 803)对基督教教义的影射虽然幽默，但不乏严肃的内涵。《约瑟和他的兄弟们》中那个不可靠的叙述者的神学思想是不可估量的。在《赡养者约瑟》(*Joseph der Ernährer*, 1943)中，当约瑟与法老讨论上帝时，他赋予了上帝叔本华"意志"的特质："他既没有空间，也没有时间，虽然世界在他里面，但他不在世界里，而是在天堂里。"天堂不属于这个世界(*FA* VIII. I, 1539; cf. *JW*, 1196)。

当约瑟得知波提乏在小时候就被阉割时，约翰·雅各布·巴霍芬关于文化时代顺序的理论开始发挥作用。19世纪中叶，巴霍芬将原始的多妻杂婚制假设为一种没有法律的原始社会秩序，随后，仍处于史前时期的母权制成为一种有一定法律的社会组织形态，在政治上由女性主导。巴霍芬用一种具有更严格的法律和性别规则的君主制、父权制文化取代了这种文化，并一直延续到有历史意义的时期。当约瑟服侍波提乏的父母胡伊吉（Huij）和图伊吉（Tuij）[伍兹（Woods）把他们翻译成胡亚（Huya）和图亚（Tuya）]时，他了解到他们是如何过着埃及式的兄妹婚姻生活的，用巴霍芬的话来说，这就是多妻制。他们期待着一种对性具有严格规定的新宗教到来，因此决定阉割自己的儿子，以祭奠新时代。但他们深感罪恶，害怕亡灵审判者的惩罚（*FA* VIII. I, 889 - 903; cf. *JW*, 703 - 714）。他们的恐惧，以及约瑟对父母所作所为的谴责，使读者对巴霍芬的浪漫主义应用产生了反感；为新秩序而牺牲的结果是诞下了一个不幸的儿子。虽然波提乏的状况能使他在宫廷跻身高位，但也注定了他局外人的身份，并摧毁了他的自我价值。

约瑟还是个奴隶时，通过一次关于性别差异相对性的演讲赢得了他的主人——被阉割的波提乏——的信任和喜爱。其中有很长的一章记录了波提乏的妻子姆特-埃姆-埃内特徒劳无功的爱，延续了托马斯·曼《情人》的主题：一个女人眼中无望的爱。1927年，托马斯·曼本人也经历了一场徒劳无功的爱情：在北海（the North Sea）的叙尔特（Sylt）岛上，他被来自杜塞尔多夫（Düsseldorf）的年轻人克劳斯·霍伊泽尔（Klaus Heuser）吸引，产生了同性之爱。这次相遇比保罗·艾伦伯格事件更令人欣慰；霍伊泽尔本身是双性恋者，两人性情相投，但这次邂逅也同样令人沮丧。1927年，霍伊泽尔18岁，托马斯·曼无法赢得年轻人对他的写作的兴趣。拥抱和亲吻是托马斯·曼唯一允许自己表达身体欲望的方式。[1]。

叙述者站在作者的立场上，将一种闯入姆特-埃姆-埃内特看似精心构建的生存环境的力量称为"灾难"（*FA* VIII.I, 1123；*JW*, 881-882）。弗里德曼先生和《死于威

---

[1] 我们的资料来源于卡尔·维尔纳·伯姆（Karl Werner Böhm）对克劳斯·霍伊泽尔的采访。该采访收录于伯姆的 *Zwischen Selbstzucht und Verlangen: Thomas Mann und das Stigma Homosexualität* (Würzburg, 1991), pp. 377-381。

克劳斯·霍伊泽尔与伊丽莎白·曼,约1928年。

尼斯》中的阿申巴赫都有类似经历。这三次"灾难"都是托马斯·曼亲身经历的虚构转化,这一点可以从姆特-埃姆-埃内特的祈祷词——感谢让她的爱变得丰富——中看出来。托马斯·曼使用了他在迷恋保罗·艾伦伯格期间记录在笔记本上的一首诗(*FA* VIII. I, 1153 - 1155; *NB* II, 44, 46)。

约瑟被姆特-埃姆-埃内特的爱所感染,但他绝不能偏离神赋予他的命运。他试图通过让她参与有关家庭经济的讨论,将她的热情转化为有益的活动。经过多年徒劳的渴望,姆特终于向他伸出了手,约瑟的性欲被激起,但他仍然说服她放弃欲望。小说将这一事件描述为约瑟精神与肉体的冲突,让人联想到柏拉图、圣保罗、康德和叔本华的二元论,这种二元论在托马斯·曼的世界观中被理解为与整体的上帝的一元论倾向并存。文中为约瑟的"贞洁"——他愿意抵抗姆特的欲望——提供了七个理由,与其说这是构成性犯罪的清单,不如说是他对上帝、他的父亲、蒙特-卡乌和波提乏的忠诚。约瑟反抗的原因之一是姆特扮演了追求者的角色,剥夺了他高高在上的男性地位(*FA* VIII. I, 1181;*JW*, 925)。作者和叙述者似乎在男尊女卑这一点上达成了一致,这暴露了现代主义作家托马斯·曼在很大程度上仍受其19世纪成长环境的影响。

姆特-埃姆-埃内特对波提乏家人的演讲模仿了纳粹的种族主义宣传。叙述者就此放弃了对姆特的同情描写。波提乏的判断令人惊讶:它偏离了《圣经》中关于波提乏

"愤怒"或"暴怒"的叙述。托马斯·曼笔下的波提乏以审慎沉着的态度进行评判；他是一个局外人，一个从远处仔细观察的人，这使他能够做出公正的裁决。《约瑟在埃及》完成于1936年8月23日，1937年10月在费舍尔出版公司的新地址维也纳出版。

在对未来写作的设想中，让歌德登上叙述舞台一直占据着托马斯·曼的计划。1911年，在写作《死于威尼斯》时，他曾一度考虑过讲述歌德在马里恩巴德因婚姻计划未能实现而陷入窘境的故事。1931年，在准备纪念歌德逝世100周年的文章时，托马斯·曼发现费利克斯·蒂尔哈伯（Felix Theilhaber）对诗人的爱情生活的惊人论述：歌德没有活成自己的爱情故事，而是将自己的经历转化为诗歌。[1] 1936年，这一主题与托马斯·曼本人的创作实践非常接近，这不仅为他提供了一个摆脱《圣经》题材的好机会——《圣经》题材已经占据了他十余年的时间，而且还提供了让歌德来评论德国的机会。蒂尔哈伯的书成为托马斯·曼塑造歌德形象最重要的资料来源之一；苏黎世的托马斯·曼档案馆收藏了他的这本书，书中有铅笔批注和旁注。[2] 蒂尔哈伯虽然欣赏歌德，但反对1932年德国人普遍存在的对歌德生活和作品近乎宗教般的崇拜。

---

1 Felix Theilhaber, *Goethe：Sexus und Eros* (Berlin, 1929).
2 关于蒂尔哈伯对托马斯·曼的影响，见 Hinrich Siefken, *Thomas Mann:'Ideal der Deutschheit'* (Munich, 1981), pp. 230-233；Werner Frizen in *FA* IX. II, p. 10, pp. 119-121；以及 Herbert Lehnert in *FA* XIX. II, pp. 399-401。

1935 年 3 月，托马斯·曼在蒂尔哈伯的书中重读了夏绿蒂·克斯特纳（Charlotte Kestner）于 1816 年访问魏玛的故事（1935 年 3 月 23 日日记）。1772 年，歌德遇到夏绿蒂，后者后来成了他的小说《少年维特之烦恼》（*The Sorrows of Young Werther*, 1774）中的绿蒂·布甫（Lotte Buff）。蒂尔哈伯引用了一位自称贝拉尼（Belani）的小说家的话，这位小说家讲述了歌德爱情生活中的一些插曲，并辅以轶事加以美化。[1] 在关于 1816 年夏绿蒂来访的故事中，贝拉尼断言，夏绿蒂曾身着带有红丝带的白色连衣裙出现在歌德家中，与她 1772 年在韦茨拉尔（Wetzlar）穿的那件相似。贝拉尼写道：当歌德没有注意到这个暗示时，夏绿蒂感到被冒犯了。蒂尔哈伯似乎相信贝拉尼关于夏绿蒂裙子的轶事。这很可能是贝拉尼的杜撰，但对托马斯·曼来说却是一个好故事的来源。

1936 年 11 月，他开始写他最初打算写的中篇小说《重逢》（*Wiedersehen*）。[2] 故事的开头是一个充满幽默和真诚的场景，这是托马斯·曼典型的风格。马格尔（Mager）是魏玛大象旅馆的服务员，"一个有教养的人"（ein

---

[1] Theilhaber, *Goethe*, p. 288. H. E. R. Belani[pseudonym for Karl Ludwig Häberlin], *Goethe und sein Liebeleben* [*sic*]: *Historischer Novellenkreis* (Leipzig, 1866), vol. II, pp. 223 - 224.

[2] Siefken, *Thomas Mann*, pp. 199 - 243. H. Siefken, 'Lotte in Weimar-"Contactnahme" and Thomas Mann's Novel about Goethe', *Trivium*, XIII (1978), pp. 38 - 52. H. Siefken, 'Thomas Mann's Novel "Lotte in Weimar"-a "Lustspiel"?', *Oxford German Studies*, XI (1980), pp. 103 - 122.

gebildeter Mann; *FA* IX.I, 11; cf. *LL*, 3),他得知刚刚到来的老妇人是歌德《少年维特之烦恼》中的绿蒂。他已经读了五遍小说,见到她喜出望外,并借此机会引用《维特》中的话,询问第一部结尾的告别场景"我们会再次见面,无论什么情况,我们都会找到彼此,我们会认出彼此"(*FA* IX.I, 24 - 25; cf. *LL*, 18),是否真的发生过。[1] 马格尔想知道歌德是否相信死后重聚,也许是为了解答他自己的疑惑。

长久以来,人们一直认为来世可以重聚,能够与所爱之人相见相认,这是基督教信仰的承诺。形而上学确定性的消失是托马斯·曼所有作品的主题。《布登勃洛克一家》的结尾处,托马斯·曼讽刺了死后可以与所爱之人相认的信念,但与此形成鲜明对比的是,这位参议员在叔本华关于死亡的文章中找到了一种替代宗教。马格尔的问题表明,小说与现实生活中的原型之间存在着一种普遍的混淆。作者让夏绿蒂回避了这个问题:她回答说,"是也不是"(*FA* IX.I, 25; *LL*, 8)。小说与作者和读者的现实生活息息相关,但又对其进行了转化和重构。

马格尔介绍了一众在旅馆拜访夏绿蒂的人物,并对歌

---

[1] Johann Wolfgang von Goethe, *The Sufferings of Young Werther*, trans. Stanley Corngold (New York, 2012), p. 77. 这段话表达了维特想在另一种生活中拥有绿蒂的愿望。马格尔选择了故事中一个确实至关重要的时刻。参见 Thomas P. Saine, 'Passion and Aggression: The Meaning of Werther's Last Letter', *Orbis Litterarum*, xxxv (1980), pp. 327 - 356。

德提出了自己的看法。夏绿蒂向歌德的前助手弗里德里希·威廉·里默尔（Friedrich Wilhelm Riemer）坦白了她来到魏玛的原因：她想要了结一笔旧账（*FA* IX.I, 106; *LL*, 99）。她抱怨说，1772年在韦茨拉尔，歌德追求过她，唤起并激发了她的感情，使她与她的未婚夫疏远。之后，歌德突然离开并写下了他的小说，只是寄了几封信。一气之下，她把这种对一个订婚女人的行为称为寄生行为，认为歌德无异于"寄生虫（Schmarutzertum）"（*FA* IX.I, 117; *LL*, 110）。"吃白食者（Freeloader）"或"寄生虫（Schmarotzer）"是亨利希·曼在1915年的传记评论文章《论左拉》中对弟弟托马斯·曼所使用的词，意为不参与社交活动的作家。

里默尔从宗教角度证明了作家对夏绿蒂的自主权，他坚持认为，根据托马斯·曼的说法，作家在世界面前享有神一样的地位。上帝，作为一个整体，一个整全，他不会像人类，甚至不像作家笔下的人物那样被视角所支配，被个人目的所控制。诗歌是没有责任的。里默尔早先曾把歌德描述为一个无所不包的伟大人物，但同时也是一个冷酷之人与虚无主义者（*FA* IX.I, 88-90; *LL*, 82-83），就像约瑟一样，他拥有精神和自然的双重祝福。因为里默尔为歌德牺牲了很多，所以他非常理解夏绿蒂，但生活在伟大人物身边，说着伟大人物的语言，这并不妨碍他成为一个次等人物。

阿黛尔·叔本华（Adele Schopenhauer），那位哲学家的妹妹也是一位来访者，她在歌德参加她母亲的沙龙后认识了他。在她看来，歌德是一个注重隐私、性格内敛的人，有时显得很普通，但有时也会不近人情，因为没有人敢攻击这位伟大的人物。阿黛尔拜访夏绿蒂的目的是请她帮忙阻止她的朋友奥蒂丽·冯·波格维希（Ottilie von Pogwisch）与歌德之子奥古斯特（August）的婚事，因为她发现奥古斯特性情不稳定。她的长篇故事涉及歌德的情人、后来的妻子克里斯蒂安（Christiane）——她在魏玛社会受到轻视，尤其是在1806年他们结婚之后；魏玛社会对她的儿子奥古斯特也表示蔑视，因为他的父亲利用特权，不允许儿子在1813年加入对拿破仑的战争。歌德喜欢年轻的奥蒂丽，尽管她心存疑虑，但他仍试图说服她嫁给奥古斯特。这是一个自私的举动，降低了他的身份。

阿黛尔的圈子对普鲁士很友好，支持解放战争，而歌德同情拿破仑及其对欧洲大陆的重组。但由于阿黛尔很欣赏歌德，所以她不顾自己的反对意见，提供了歌德的观点。然而，1813年结成的反拿破仑联盟改变了魏玛人的同情：阿黛尔观察到，这种政治阵线的不断发展可能会给社会上的抵制以可乘之机，因为他们把矛头指向歌德的儿子奥古斯特（*FA* IX. I, 202; *LL*, 179）。

下一个来访者是奥古斯特本人，他带着邀请夏绿蒂去其父亲家参加晚宴的请柬。在抱怨魏玛社会对母亲的蔑视之后，他谈到父亲经常生病，说他"与生命的友谊濒临破产"（*FA* IX.I, 233; cf. *LL*, 229）。歌德此时已放弃前往法兰克福地区旅行的计划，在那里，他原本计划与他的《西东合集》（*West-Eastern Divan*）的新缪斯玛丽安（Marianne）见面，她是他的朋友约翰·雅各布·威勒默（Johann Jacob Willemer）的养女。尽管歌德的诗歌表达了他对玛丽安的爱，而且玛丽安也以歌德的抒情风格回应，但在他的朋友威勒默娶了玛丽安之后，歌德感受到的是轻松而不是困扰：他的情诗现在献给了朋友的妻子，而非自己的情人。他在《西东合集》的诗歌中赋予这段感情以永恒的价值，却抛弃了现实中的玛丽安，就像他抛弃了第一个缪斯弗里德里克·布里翁（Friederike Brion）一样；奥古斯特之前刚感人地讲述了她的命运，当然还有夏绿蒂本人的。这三个女人的命运都符合蒂尔哈伯对歌德爱情抒情诗的解释，即歌德的爱情抒情诗是不正常欲望的升华。

第七章以意识流独白的形式呈现了歌德本人。其中的大多数细节都有据可查，但各种元素融合在一起就形成了托马斯·曼自己的歌德，他醒来时因梦到意大利维纳斯画作而情欲高涨。这位67岁的老人对自己雄风不减感到自豪，但他年轻的活力也是有限的：他的手臂患有痛风。意识流产生了矛盾：歌德怀念十一年前去世的弗里德里希·席勒。他曾因席勒的激励和鼓励及其对《浮士德》（*Faust*）的理解而感到高兴，但他也问自己："我曾经喜欢过他吗？"

答案是:"从来没有"(*FA* IX.I, 287; *LL*, 286)。托马斯·曼笔下的歌德围绕着《浮士德》中的"海伦场景"和古典的瓦尔普吉斯之夜展开了富有成效的思索,作为浮士德"与女孩之间令人怜悯的故事",他顺便提到了格雷琴(Gretchen)的悲剧(*FA* IX.I, 349; cf. *LL*, 353)。

抄写员约翰(John)的场景中,歌德自由的诗意想象力与魏玛官员维护法律秩序的形象形成对比。这个抄写员希望得到一份在普鲁士审查员办公室任职的推荐信。托马斯·曼笔下的歌德允诺写推荐信,同时又鄙视约翰的顺从。歌德更喜欢他的仆人卡尔(Carl),但由于感染了梅毒,卡尔将被解雇。他突发奇想,想写一个以妓院为背景的故事,在那里,爱情堕落为残酷,但考虑到社会现状,这一计划没有实现。他感叹道:"唉,如果我生活在一个自由而有创造力的社会,我能提供多么强大和非凡的主题!"(*FA* IX.I, 303; cf. *LL*, 303)但同样是这个歌德却反对新闻自由:审查制度和禁忌对优秀记者来说是有利的挑战。

托马斯·曼塑造的歌德与自己相似:歌德有一位肤色较深的祖母,住在罗马边境附近,因此可能是罗马日耳曼尼亚省居民的后裔,正如托马斯·曼经常提到的他的葡萄牙祖母一样。他让歌德理解了约翰·约阿希姆·温克尔曼(Johann Joachim Winckelmann)在欣赏古典雕像时的同性视角,他记得自己也曾看到过美,这种美往往是年轻女性的美,"但不是绝对的美"。他向歌德展示了自己欣赏的一位金发年轻侍者的宁静,这位侍者是《西东合集》中《酒馆和酒馆男孩之书》这部分诗歌的原型人物(*FA* IX.I, 352-353; *LL*, 357)。[1]

现在,歌德的想象力中出现了一首印度背景下的关于诱惑的诗歌《帕里亚》(*Paria*)的轮廓。1772年,歌德为夏绿蒂创作了《维特》,并为她编织了一个"诱惑"的剧本。现在玛丽安·冯·威勒默成为了新剧本《西东合集》的主角。其中一首诗用一个比喻来形容诗人将现实转化为诗歌形式的独特力量:如果诗人用他纯洁的手掬水,水就会凝成球(*FA* IX.I, 356; *LL*, 360)。[2]

托马斯·曼想暴露老顽固歌德的真面目,他把宴会场景从家庭聚会改为大型活动,并让歌德身着正装出场,"胸前佩戴了一枚银星勋章,这是魏玛的功勋奖章"(*FA* IX.I, 386; *LL*, 392)。这一章以夏绿蒂的视角展开叙述。她注意到,尽管歌德彬彬有礼,但对她的出现表示反感,她观察到歌德对她不由自主地点头的关注。她没有找到机会说出自己的指责,于是干脆打消了这个念头。歌德的独白占据了整个谈话的主导地位,客人们听得津津有味。当他引用一句所谓的谚语"伟大人物是一种公害"(*FA* IX.I, 411; cf. *LL*, 418)时,所有的客人都哄堂大笑,除了夏绿蒂。

---

[1] Johann Wolfgang Goethe, *West-Eastern Divan*, trans. John Whaley, intro. Katharina Mommsen, bilingual edn (New York, 1998), pp. 348-393.
[2] Ibid., pp. 34-35.

那附和的笑声使她感到不安。托马斯·曼让他笔下的歌德提到了中世纪在埃格尔（Eger）镇发生的大屠杀：他认为，像犹太人一样，德国人也被憎恨。他担心全球有此共识。这是托马斯·曼在1939年向德国人民传达的信息。

《绿蒂在魏玛》的结尾是夏绿蒂与她昔日的爱人在马车上的一次深夜会面，这辆马车是歌德借给她看戏用的。当她坐进马车准备回旅馆时，发现歌德坐在后排的角落里。这是一个不一样的歌德，也许只存在于夏绿蒂的想象中，尽管与之前晚宴上发生的事情有关。这位歌德理解了她因为穿了那件特别的衣服而受到的责备，并向她道歉，而她也收回了她的抱怨。歌德的诗歌和小说《少年维特之烦恼》将短暂的爱情邂逅转化为永恒的诗篇。歌德解释了这种转化，并转述了《西东合集》中的诗歌《幸福的渴望》（*Selige Sehnsucht*）：诗人献祭，他既是庆祝者又是牺牲者，既是蜡烛又是火焰。他燃烧着，吞噬了自己，同时吸引了飞进蜡烛的飞蛾，在死亡中与它合而为一。[1]

---

[1] Johann Wolfgang Goethe, *West-Eastern Divan*, trans. John Whaley, intro. Katharina Mommsen, bilingual edn (New York, 1998), pp. 46–47.

7 在美国：第二次世界大战和《赡养者约瑟》

1937年伊始，托马斯·曼精神焕发。他在写给波恩大学的信，即小册子《信件往来》中，对纳粹政权危及和平的行径提出严重警告。这封信被多次印刷，并在伦敦出了英文版。瑞士一个社会主义妇女协会要求在其关于西班牙内战的书籍中将此信作为附录。英译本的标题是《我与西班牙人民站在一起》(*I Stand with the Spanish People*, EK IV, 192 - 197)[1]。托马斯·曼对西班牙社会主义政府的支持在西方世界是极少数人的观点。例如，《新苏黎世报》就不信任西班牙社会主义者，因为他们与规模较小的共产党有联系。作为瑞士的客人，托马斯·曼在公开发表反对纳粹德国的言论时不得不谨小慎微，但由一位富有的卢森堡女士资助的一份新文化双月刊《尺度与价值》(*Mass und Wert*) 给了他发声的机

---

1 Thomas Mann, *Order of the Day: Political Essays and Speeches of Two Decades*, trans. Helen Lowe-Porter and Agnes Meyer (Freeport, NY, 1969), pp. 83 - 87.

会。他担任该刊物的名誉主编，但不是执行主编。创刊号（1937年9月/10月）刊发了一篇由编辑撰写的纲领性文章和托马斯·曼《绿蒂在魏玛》的第一章。由于缺乏高质量的稿件，该杂志于1940年停刊；当时很难找到马克思主义与法西斯主义之间政治斗争以外的文章。

1937年4月，托马斯·曼为支持纽约的"流亡大学"（University in Exile）而第三次前往美国。这所大学是新社会研究学院（New School for Social Research）的一部分，接纳被法西斯国家驱逐的学者。在短暂的访问中，托马斯·曼几乎没有注意到对他的未来至关重要的事情：他接受了艾格尼丝·迈耶（Agnes E. Meyer）的采访，后者是一位50多岁的迷人女性，也是《华盛顿邮报》（*Washington Post*）的合伙人。她在一个德裔美国人家庭中长大，德语说写能力俱佳。她给托马斯·曼寄了一份印在首页的采访副本，以及一封为他在《华盛顿邮报》发表作品提供版面的信。迈耶对其作品的了解给他留下了深刻的印象。迈耶喜欢结交著名的艺术家，与法国作家保罗·克劳德尔（Paul Claudel）也过从甚密。5月，托马斯·曼夫妇又回到了屈斯纳赫特（Küsnacht）。

同年10月，托马斯·曼匆匆发表了《理查·瓦格纳与尼伯龙根的指环》（*Richard Wagner und der Ring des Nibelungen*, 1937），这是苏黎世歌剧院瓦格纳音乐戏剧全系列演出的开场演讲。讲演伊始，他就保证，他对瓦格纳作品的钦佩之情不会因其"任何恶意的滥用"而减弱，甚至丝毫不会被影响（*GW* IX, 502; cf. *EL*, 353）。瓦格纳是希特勒最喜爱的作曲家。

卡蒂亚和托马斯·曼于 1938 年 2 月 21 日去了纽约。抵达后，他发表了一份新闻稿，严厉批评英国和法国的绥靖政策，谴责他们对德国重整军备的容忍。这一次，托马斯·曼夫妇打算逗留得久一些。一位代理人为他安排了横跨美国多个城市的巡回演讲。电视出现之前，公开演讲在美国很流行，托马斯·曼的演讲也广受欢迎。然而，尽管托马斯·曼与艾丽卡一起排练了发音，并在问答环节得到她的帮助，但用英语演讲对托马斯·曼来说还是颇具挑战性。他的演讲题目是《即将到来的民主胜利》（*Vom kommenden Sieg der Demokratie*, 1938），此次演讲的目的是让听众相信，法西斯分子所提出的看似新颖的建设新社会的方案是错误的。

托马斯·曼支持富兰克林·罗斯福总统的政策。民主带来了正义、自由和真理。他希望这一政策能够发展成为民主社会主义，并在公平分配财产和原材料的基础上建立全球秩序。他向听众保证，尽管人们会对俄罗斯的内部政治表示不满和恐惧，但必须承认俄罗斯是一个与民主国家一样的和平的国家（*EK* IV, 214-244）。[1]

---

[1] Thomas Mann, *Order of the Day: Political Essays and Speeches of Two Decades*, trans. Helen Lowe-Porter and Agnes Meyer (Freeport, NY, 1969), pp. 114-142.

与制片人和演员们（左起）：卡尔·莱姆尔（Carl Laemmle）、马克斯·莱因哈特（Max Reinhardt）和恩斯特·卢比奇（Ernst Lubitsch）在比佛利山庄（Beverly Hills），1938年。

1938年3月，奥地利被吞并后，托马斯·曼夫妇决定永久定居在美国。在加利福尼亚州比佛利山庄逗留期间，托马斯·曼开始写一篇关于他流亡生活的反思性文章，他称之为"日记书简"（Tagebuchblätter）。他以一种信念来缓解失去家园和祖国的感受："我的家存在于内心的想法。沉浸其中，我感受到了家的温暖……我在哪里，德国就在哪里。"（EK IV, 440）托马斯·曼在抵达纽约时曾对记者发表过类似的声明。他此说意在"自卫"：德国政权不能剥夺他的德意志性，他在美国生活期间将继续用德语写作。

在多伦多（Toronto）巡回演讲期间，托马斯·曼夫妇申请加入美国国籍。5月底,他们来到东海岸,在罗德岛詹姆斯敦(Jamestown, Rhode Island)的一位热心读者的寓所里住了数周。在那里,托马斯·曼完成了他的论文《论叔本华》(Schopenhauer),这是为美国的叔本华作品选集撰写的导言。更多的帮助来自艾格尼丝·迈耶,她从几个基金会筹集到资金,资助他在普林斯顿大学担任为期一年的人文学科讲师。[1] 卡蒂亚为这个大家庭租了一间宽敞的房子。7月至9月期间,托马斯·曼夫妇回到瑞士并解除了屈斯纳赫特房子的租约。9月下旬,托马斯·曼一家返回纽约,包括最小的孩子伊丽莎白和迈克尔。

在他们过境期间,当时的捷克斯洛伐克(Czechoslovakia)苏台德地区发生了冲突。希特勒计划向捷克共和国进攻,并怂恿捷克斯洛伐克一个代表该国讲德语的少数民族的政党做出不可接受的政治让步。英法两国政府意识到本国公民希望避免战争,于是签署了《慕尼黑协定》(the Munich Agreement),放弃了德语区。时为捷克公民的托马斯·曼在纽约麦迪逊广场的集会上发表了讲话。他的诉求——"希特勒必须下台"——赢得了热烈的掌声。(1938年9月25日日记)9月底,他抵达普林斯顿(Princeton),

---

[1] 有关托马斯·曼在普林斯顿的岁月的详细描述,见 Hans Rudolf Vaget, ' "The Best of Worlds": Thomas Mann in Princeton', *Princeton University Library Chronicle*, LV (2013), pp. 9-37, 以及瓦吉特即将出版的英文版托马斯·曼美国岁月的一章,这本书的德文版是 *Thomas Mann, der Amerikaner: Leben und Werk im Amerikanischen Exil* (Frankfurt/Main, 2011)。

《慕尼黑协定》给他的到来蒙上了一层阴影。托马斯·曼在小册子《这一和平》(*Dieser Friede*, 1938)中再次怒斥英国的绥靖政策。[1] 11月下旬,托马斯·曼在普林斯顿大学做了第一场讲座,讲的是歌德的《浮士德》,之后讲的是他自己的《魔山》,还有其他关于瓦格纳和弗洛伊德的报告。阿尔伯特·爱因斯坦(Albert Einstein)就住在托马斯·曼家附近,两人建立了友好的关系。

1939年8月,托马斯·曼为第二次全美巡回演讲和斯德哥尔摩(Stockholm)笔会会议撰写了演讲文稿《自由的问题》(*Das Problem der Freiheit*, 1939)[2],再次表达了他希望民主朝着社会正义发展的愿望,同时强调了基督教的仁爱精神。在演讲接近尾声时,托马斯·曼掷地有声地说:"我们再次知道了什么是善,什么是恶。"(*EK* V, 74)通过这句话,他将自己与尼采区分开来,尼采拒绝将想象中的神所犯下的罪行归类为"奴隶道德"。所有的道德都应该以提升"生命"为目的。正如托马斯·曼的演讲《从我们的体验看尼采哲学》(*Nietzsches Philosophie im Lichte unserer Erfahrung*, 1947)所显示的那样,这种区分并不是一个彻底的背离。

1939年3月,托马斯·曼及家人在芝加哥进行另一场

---

[1] *EK* V中的德语原文标题为《此刻的高度》(*Die Höhe des Augenblicks*)。
[2] 英文版仅为一本小册子:Thomas Mann, *The Problem of Freedom* (New Brunswick, NJ, 1939)。

题为"自由的问题"的巡回演讲期间得知,希特勒迫使捷克斯洛伐克共和国解体,这一事件坚定了他们留在美国的决定。此时,托马斯·曼开始质疑自己的文化偏爱之一:理查德·瓦格纳。当然,他在最近的演讲(1933年和1937年)中批评过瓦格纳,但他仍然称瓦格纳为伟大的艺术家,将他的作品与近来的滥用区分开来。而现在,在他回应历史学家彼得·维雷克(Peter Viereck)的文章《希特勒与瓦格纳》(*Hitler and Wagner*)时,他更进了一步。他同意维雷克的观点:瓦格纳的音乐在很大程度上预示了纳粹的世界观,而这种世界观必须被打败。因此,德国本身必须被打败,因为"只有一个德国,没有邪恶和善良之分"。[1] 但是,他对瓦格纳音乐的热爱并没有受到新的政治见解的影响。

1939年6月,托马斯·曼及家人再次回到欧洲。此前,欧洲大陆对他们关闭了八年之久。8月,他们抵达斯德哥尔摩——费舍尔出版社的新地址,此时出版社由布丽吉特·伯曼·费舍尔(Brigitte Bermann Fischer)和她的丈夫戈特弗里德(Gottfried)经营。他们继续出版托马斯·曼的德文原著。原定于当月笔会上举行的题为"自由的问题"的讲座已无法举办。9月1日,德国轰炸华沙,并入侵波

---

[1] *Common Sense* (New York, January 1940), pp. 11 - 14, 使用了一个误导性的标题:《为瓦格纳辩护》(*In Defence of Wagner*),引自 Hans Bürgin, Bibliographie: Ubersetzungen, Interviews (Morsum/Sylt, 1992), p.1003; 就像 *EK* V, pp. 75 - 82 中的《为瓦格纳辩护》(*Zu Wagners Verteidigung*)。

兰，第二次世界大战爆发。托马斯·曼及家人设法从瑞典飞往伦敦，然后在南安普敦（Southampton）乘坐拥挤的美国"华盛顿"号客轮前往纽约。

回到普林斯顿后，托马斯·曼于10月完成了《绿蒂在魏玛》，并撰写了随笔《这一战争》（*Dieser Krieg*, 1940）。在文章中，他表达了对德国人民支持战争的失望。他对和平提出了自己的想法，希望建立一个新世界，一个致力于实行社会民主的国家联盟，明确反对以统治和奴役为特征的法西斯帝国。他的日记反映了他对1940年法国意外战败的极度沮丧。普林斯顿大学只能提供1940年春季学期的演讲聘约，由托马斯·曼讲授《歌德的维特》（*Goethe's Werther*）、《小说的艺术》（*The Art of the Novel*）以及关于他作品的自传报告《关于我自己》（*On Myself*）。学校还让他参加了关于"托尼奥·克勒格尔"和"浮士德"的研讨会。他还重新开始巡回演讲"自由的问题"，主要是为了支持罗斯福总统；后者正在重新评估阻止他支持英国的美国中立法案（American Neutrality Acts）。同年1月中旬，托马斯·曼第二次应邀访问白宫。

7月，托马斯·曼夫妇在加利福尼亚州洛杉矶郊区的太平洋帕利塞德斯（Palisades）购买了一块建筑用地。10月，他们回到普林斯顿，并在纽约与儿子戈洛、哥哥亨利希·曼及其妻子耐莉（Nelly）重逢。他们逃离被占领的法国后，在艾格尼丝·迈耶的帮助下获得入境签证，穿越西班牙和葡萄牙来到了美国。托马斯·曼的第四个孩子莫妮卡（Monika）所乘的英国客轮被德国潜艇击沉，而她幸存了下来。

1940年10月，托马斯·曼开始向德国人民播送消息，由英国广播公司发出。在第一条广播中，他向同胞们保证，美国与英国站在一起；他强调说，美国人希望德国人民结束战争。从次年3月开始，这些信息以德语录制，被转送到英国并从那里播出。

他们一家离开普林斯顿来到加利福尼亚，当时他们的房子还在建设中，这期间他们租住在太平洋帕利塞德斯，直到1942年2月才入住自宅。洛杉矶地区还居住着许多其他讲德语的流亡者：亨利希·曼及其朋友布鲁诺·弗兰克（Bruno Frank）和布鲁诺·瓦尔特（Bruno Walter）、作曲家阿诺德·勋伯格（Arnold Schönberg）、作家弗朗茨·韦费尔（Franz Werfel）和莱昂·费赫特旺格（Lion Feuchtwanger）、哲学家马克斯·霍克海默（Max Horkheimer）和西奥多·阿多诺（Theodor Adorno）。托马斯·曼与作家阿尔弗雷德·德布林（Alfred Döblin）、贝尔托·布莱希特（Bertolt Brecht）的接触较少，他们认为托马斯·曼的社会主义倾向不强。[1] 1941年6月，希特勒派遣德国军队进入苏联；12月7日，日本轰炸了珍珠港。美国的参战增强了托马斯·曼对最终

---

[1] Ehrhard Bahr, *Weimar on the Pacific: German Exile Culture in Los Angeles and the Crisis of Modernism* (Berkeley, CA, 2007).

击败纳粹政权的信心。1941年秋天,一场带有反法西斯意味的巡回演讲——《如何赢得和平》(*How to Win the Peace*)或《战争与未来》(*The War and the Future*),覆盖了美国的大部分地区。

艾格尼丝·迈耶暗中资助托马斯·曼在国会图书馆担任德国文学顾问一职,年津贴为4800美元,这缓解了他的经济压力。他每年只需在华盛顿特区举办一次讲座,1942年11月的首场演讲题目为《约瑟小说的主题》(*The Theme of the Joseph Novels*)。

在托马斯·曼的家乡吕贝克遭到轰炸后,英国广播公司强烈要求这位著名公民发表特别讲话。他的第一反应是"很难做到"(kaum tunlich,1942年4月4日日记),但第二天他写了一篇演讲稿。"我想到了考文垂(Coventry),我不反对一切都必须清算的观点。"在文章的结尾,他希望希特勒倒台后能出现一个着眼于人类未来的德国(*EK* V,180-182)。在其他广播中,他向听众介绍了犹太人被大屠杀的情况。

此时,托马斯·曼全家都在美国。最大的两个孩子艾丽卡和克劳斯合作出版了反法西斯书籍。克劳斯曾编辑过一年的知识分子杂志《决定》(*Decision*);姐弟俩都被联邦调查局怀疑同情共产党。闪电战期间,艾丽卡曾在英国和埃及担任战地记者;克劳斯则自愿加入美国陆军,1944年在意大利的一个宣传队服役。戈洛当时是一名历史教授,

20世纪40年代，托马斯·曼一家在加州太平洋帕利塞德斯的住所。

1943年加入美国陆军，成为一名情报官。伊丽莎白和她的丈夫，一位反法西斯的意大利教授，以及两个女儿住在芝加哥。迈克尔已经结婚，有两个孩子，在旧金山交响乐团演奏中提琴和小提琴。灾难发生后，莫妮卡和父母住在一起，并随他们一起搬到了加州。

在四个孙子中，托马斯·曼最喜欢孙子弗里多（Frido），令他高兴的是，弗里多经常与父母一起到太平洋帕利塞德斯与他共享天伦。但是，并不是所有的关系都进展顺利，托马斯·曼与他哥哥的关系变得很不融洽：1941年11月，亨利希·曼与华纳兄弟公司（他签证的赞助商）为期一年的编剧合同到期，他和妻子耐莉不得不依靠托马斯·曼的接济。托马斯·曼的家人认为耐莉不被社会所接受；她没受过教育，而且酗酒。1944年末，她结束了自己的生命。虽然亨利希·曼与太平洋帕利塞德斯的托马斯·曼一家保持着密切联系，但他们之间的关系依然很冷淡。战争结束后，托马斯·曼鼓励哥哥搬到东德，在那里他被任命为艺术学院院长，但亨利希·曼于1950年3月就去世了。

托马斯·曼在完成《绿蒂在魏玛》后，并没有立即回到约瑟小说的写作。据他的日记记载，1939年10月7日，他读到了一个换头神话故事的摘要，故事来自印度学家亨利希·齐默尔（Heinrich Zimmer）寄给他的一篇关于印度世界之母的文章的一部分。[1] 这个神话一定让他想起了歌德的诗作《帕里亚》，他在《绿蒂在魏玛》中虚构歌德的独白时想到了这首诗，在这首诗中，女神得到了一个罪犯的尸体。托马斯·曼用它来讽刺阶级偏见。

在《换错的脑袋》（*Die vertauschten Köpfe*，1940）中，两个同时爱上女人茜塔（Sita）的朋友在卡莉（Kali）女神像前因绝望的嫉妒而割下自己的脑袋。这一幕以幽默的方式唤起了叔本华的哲学思想，当与茜塔交谈时，这位女神抱怨哲学家的说教——他们宣称人类的存在是一种疾病，会通过爱欲传染给下一代（*GW* VIII, 758; cf. *SL* II, 249-250）。当女神交代茜塔把两个头颅放回原位时，茜塔却错误地把它们调换了位置：把她丈夫，也就是更聪明的那位

---

[1] Hans Rudolf Vaget, *Thomas Mann: Kommentar zu sämtlichen Erzählungen* (Munich, 1984), pp. 252-256.

的头，放在了更有魅力的另一位身上，但这种调换只是暂时的。头脑更聪明的朋友无法保持现在迷人的身体；身体恢复了原样。于是，茜塔离开了他，因为她理所当然地以为另一个朋友的头已经让原来的身体再生。

由于三个人都认为社会没有他们的容身之处，这两位朋友就用剑夺去了彼此的性命，而茜塔也走上了火葬的柴堆。他们的荣誉感不允许有其他相处方式："高层次的人不考虑一妻多夫制"（GW VIII, 802; cf. SL II, 283）。小说通过描述被活活烧死的感觉来讽刺这种社会荣誉："漂亮的茜塔喊叫了片刻——人在死之前被火焚烧总是极为痛苦的——接着，号角的鸣响与隆隆的鼓声盖过了她的声音，让人觉得她好像根本没叫唤似的。"（GW VIII, 806; SL II, 286）这句话极有托马斯·曼的风格：他的嬉笑怒骂往往很严肃。

这个印度背景的童话故事以一种毛骨悚然的方式复现了托马斯·曼所有作品中的一个主题：社会规则扼杀了爱情。在这个故事中，未经茜塔的同意，她就被嫁给了她的丈夫。这个故事还涉及精神与身体关系的哲学问题：在现代社会中，传统的二元论与一元论展开了竞争，所谓的一元论即对一个不在超验天堂的整体之神的信仰。对托马斯·曼来说，打破传统的二元论具有政治意义。在 1920 年 1 月 19 日的日记中，他表示希望建立一个由保守的有教养的市民（代表精神）和工人（即社会民主党）组成的政治联盟。具有精神的公民、知识分子，尤其是那些具有创造性天赋的知识分子，将领导普通公民。约瑟的故事也表达了这种愿望，以及实现它的困难。但现在，在1940年，这一愿景已被破坏（verhunzt），德国人已败下阵来。这个换头传说讲述了一个聪明的头脑未能抓住迷人躯体的故事，就像有教养的知识分子、精神未能统治国家一样。1940年7月底，托马斯·曼完成了《换错的脑袋》；德语版于当年出版，一年后英文版问世。

《赡养者约瑟》(1943) 是《约瑟和他的兄弟们》的第四卷，也是最后一卷，与前几卷一样，呈现了生动的虚构场景。叙述者开玩笑地说，"故事在这里以与现实相同的方式重新展开"（FA Ⅷ.Ⅰ, 1382; cf. JW, 1077, 1209），宣称自己对《圣经》时代有深刻的见解。根据波提乏的判决，约瑟被送进了监狱。我们的经文向我们保证了约瑟的尊严；他遵循上帝赋予他的命运。当他到达监狱时，监狱长询问他是否是波提乏的前任总管。约瑟回答说"我就是他"（Ich bin's; FA Ⅷ.Ⅰ, 1366; JW, 1065），套用的是神献身的希腊模式："显灵"（epiphany）。在回答一个无关紧要的问题时，同样的模式还出现过好几次。《圣经》里并没有记载约瑟的显灵，但托马斯·曼笔下的他则影射了基督教神学中的"救世主"形象。监狱里的囚犯在采石场辛苦劳作，这让人联想到德国集中营里的强迫劳动。然而，约瑟很快晋升为监管角色，弱化了其作为囚犯的命运。当两个因参与宫廷阴谋而受到指控的朝臣——巴特勒伯爵和贝克王子——被送到监狱时,约瑟善待了他们,并根据西格蒙德·弗洛伊德的梦境理论为他们解梦。

弗洛伊德在撰写关于埃及摩西和一神论的书时[《摩西与一神论》(*Moses and Monotheism*)于1939年在纽约出版],曾在1937年访问托马斯·曼并向他暗示说,雅各的一神论与法老阿蒙霍特普四世[Pharaoh Amenhotep IV,后来改名为阿肯那顿(Akhenaten)]的一神论相吻合(*BW* II, 22; *LW*, 263)。这位法老是一位具有现代主义意识的宗教改革者。在《赡养者约瑟》中,托马斯·曼刻画阿肯那顿的形象时加入了他经常归因于精神之人的弱点:他的法老饱受癫痫发作之苦,而且其过度崇尚和平的倾向与帝国统治者的身份不相称。

在约瑟与法老的神学讨论中,叙述者使用了基督教的表述方式:法老是神,也是人,正如基督教义中对耶稣的描述,因此他称自己的母亲为"上帝之母"(*FA* VIII.I, 1486; cf. *JW*, 1155)。他称约瑟为"受启发的羔羊",暗指基督教中上帝的羔羊,这一点同样值得玩味。约瑟反对法老的精神,而法老的母亲泰吉(Teje)则支持他。泰吉不久前一直担任摄政王,是一位出色的政治家。他们一起把这位17岁的理想主义法老拉回了现实。[1]

作为农业主管,约瑟建议实行管制经济,从富人手中

---

1 伍兹给泰吉(Teje)取名为泰伊(Tiy)。

夺取财富，照顾穷人。虽然这模仿了罗斯福新政的精神，但它又超越了罗斯福新政：所有的农业都由王室控制，这与共产主义国家的失败试验相似（*FA* VIII.I, 1571-1579; cf. *JW*, 1438-1447）。然而，托马斯·曼建立一个更美好的社会世界的梦想在他的小说中取得了成功，就像在童话故事中一样：这个社会世界很受欢迎，而且运转良好。

故事又回到了迦南，雅各的儿子们无法消除父亲对他们参与谋杀约瑟的怀疑，他玛（Tamar，托马斯·曼在书中写作 Thamar）也在那里了解到亚伯拉罕部落的历史。这是叙

托马斯·曼在加利福尼亚州的太平洋帕利塞德斯，1941年。

述者对《圣经》中某些记载的不可能之处进行发挥的机会："上帝有时会说错话,而且并不完全心口如一"(*FA* VIII.I, 1631; cf. *JW*, 1268)。但说话的仍然是上帝。

他玛从雅各那里得知了亚伯拉罕部落应许的未来,她将自己融入这个被叙述者称之为"世界历史"的未来。她与犹大(Judah)所生的孩子佩雷斯(Perez)将是大卫王的祖先,因此也是耶稣的祖先。托马斯·曼的小说文本并没有让人怀疑他玛已经成功地在世界历史中占据了一席之地,但读者会问,她所使用的手段——扮演妓女和引诱犹大——是否与她的神圣目的相称。

他玛的故事穿插在约瑟的故事中,但它并不一定属于这个故事。这证实了《约瑟和他的兄弟们》将上帝作为道德中心从《创世记》的想象重述中移除的倾向。《圣经》中上帝惩罚俄南(Onan)将精子洒落在地,这是另一个例子。托马斯·曼完全没有涉及上帝:他玛导致了俄南的死亡(*FA* VIII.I, 1646; cf. *JW*, 1279)。然而,这部小说尊重《圣经》传统,将其视为一种值得尊重的价值,无论其学术或科学真实性如何。

犹大可以成为爱神阿斯塔罗斯(Astaroth)的奴隶,而阿斯塔罗斯让他生活在"欲望的地狱"。文中这样定义"地狱":"是为纯粹之人准备,那是道德世界的法则"(*FA* VIII.I, 1625; cf. *JW*, 1263),这是一种非常现代的道德观。犹大也仍然向亚伯拉罕的神献祭,并得到了雅各的祝福。他将延续部落的历史,尽管他的私生活混乱;他的道德成就不是贞节本身,而是为达到贞节而进行的斗争。在约瑟的小说中,善不在于掌握一套既定的规则,而在于将自己置身于善恶之中再对善恶进行权衡。汉斯·卡斯托尔普在《魔山》中对克劳迪娅·肖夏也说过类似的话。

当约瑟的兄弟们到达埃及时,约瑟与他们的"神圣的游戏"(das heilige Spiel)变成了和解的盛宴。他向兄弟们保证,他们的背叛会得到原谅,不用担心遭到报复:"因为,一个人,如果仅仅因为拥有权力,就使用违背正义和理性的权力,他就会成为一个笑柄。如果他现在还不是(笑柄),将来也会是。"(*FA* VIII. I, 1920; cf. *JW*, 1491)

《约瑟和他的兄弟们》的写作始于1926年,带着重建社会秩序的期许。小说在1943年以希望强权政治沦为人类笑柄而结束。最后一卷《赡养者约瑟》于1943年1月完成,同年在斯德哥尔摩出版,1948年首次出版了完整的英译本。

《律法》(*Das Gesetz*, 1944)是在《赡养者约瑟》完成后立即写成的故事,最初以合集的形式出版。这个合集共有十位作家参与撰写,每位作者都展示了德国政权是如何违反十诫中的某一条诫命的。托马斯·曼应邀撰写了序言。不过,他不愿说教,而是把《出埃及记》中讲述的故事转化成一位艺术家成为领袖的中篇小说。摩西像雕塑家米开朗基罗(Michelangelo)一样塑造了一个民族,他削弱上帝的积极作用,转而突显艺术家的创造。在逃离埃及的过程中，希伯来人偷窃、谋杀。托马斯·曼笔下的摩西想要阻止这种罪行的重演（GW VIII, 829; SL II, 307），但他的教育并没有奏效，他们甚至围绕着金牛犊——很可能是埃及的生育神——跳舞。这篇关于摩西的中篇小说使《圣经》的记载人性化；奇迹自有其自然解释。托马斯·曼笔下的摩西将诫命铭刻在石碑上，边写边发明文字，而在《圣经》中则是由上帝书写。辛勤的摩西在劳动时需要一个黑人妇女的安慰，对此耶和华也没有责备他。

摩西是个具有雄才大略的领袖。当他成功时，他的人民视他为神，而当他失败时，人民却抛弃了他，这使得《律法》这部作品成为一种政治叙事。摩西从山上带着石碑回来后，不得不平息公牛节发生的暴动，因此他处决了那些煽动者。作为一个有魅力的领袖，摩西似乎与独裁者并无太大区别。最后，托马斯·曼让他诅咒那个使十诫无效的人，也就是诅咒希特勒。《律法》中的大部分内容都充满了反讽的距离感，但到了结尾，这种距离感戛然而止，因为托马斯·曼想在此处做出明确的表述。

当《赡养者约瑟》还处于计划阶段时，托马斯·曼四处奔走，发表了题为《战争与民主》（*War and Democracy*）、《如何赢得和平》《战争与未来》的演讲。[1] 1942 年 11 月，

---

[1]《战争与未来》的简写版载于 Thomas Mann, *Order of the Day*, pp. 238-256。篇幅更长的德文草稿载于 *EK* V, pp. 218-238，标题为《命运与任务》（*Schicksal und Aufgabe*）。

他在华盛顿的国会图书馆发表了题为《约瑟小说的主题》的演讲，履行了他作为顾问的年度职责。

1943年，欧洲的战争出现转机。在洛杉矶和纽约的德国流亡者开始讨论成立一个自由德国委员会，以代表德意志民族，类似于一个流亡政府。托马斯·曼被邀请担任主席一职，但他表示自己能否接受取决于美国政府的态度。然而，与迈耶夫妇的朋友、国务院副国务卿（虽然不是负责欧洲事务）阿道夫·奥古斯特·伯利（Adolf August Berle）进行的非正式讨论并没有让托马斯·曼感到安心，而他想继续效忠于给他提供庇护的国家。1944年6月23日，他成为美国公民；1944年9月和10月，他参加了富兰克林·罗斯福竞选连任的活动，并发表了一篇文章和一次演讲。

1944年，德国流亡者成立了民主德国委员会。当托马斯·曼拒绝加入或签署宣言时，纽约知识分子克利夫顿·法迪曼（Clifton Fadiman）要求他向公众解释拒绝的原因，但他拒绝解释。他在写给法迪曼的信中说，当德国人民还在打仗的时候，他不想成为他们的保护者，也不想成为他们的检察官，以免刺激各方对这个误入歧途、现在背负着罪责的国家采取破坏性的措施。然而，他希望继续忠于德语，目标是用德语完成他的作品。[1]

---

[1] 1944年5月29日的信，*BM* II, p. 366-368。见1944年4月29日致恩斯特·罗伊特（Ernst Reuter）的信，*BM* II, p. 364-366；*LW*, p. 438-439。

8 《浮士德博士》与德国的纷争

1945年4月3日,就在德国武装部队投降前几周,托马斯·曼在日记中写道:"德国人民——极度失望。"希特勒的权力正在削弱,但国内并没有关于抵抗或起义的报道。5月7日,德国最终投降的当天,他写道:"到目前为止,还没有人否认国家社会主义,没有任何人说'夺权'是可怕的不幸,允许或支持夺权是第一等罪行。"集中营被美军占领,暴行被揭露后,战争情报办公室要求托马斯·曼在美国占领区新控制的报纸上发表一份声明。托马斯·曼写道:"德国国家社会主义的刑讯室现在敞开着,耻辱暴露在世人眼前";在谈到"我们的耻辱"时,也包括了他自己。成千上万所谓的德国精英在集中营里犯下了滔天罪行,而生活在暴行发生地附近的普通公民却容忍了这些罪行。他总结道:德国的权力已经丧失,但权力不是一切,甚至不是最主要的东西;德国的伟大从来不靠强权(EK VI, 11-13)。在巴伐利亚发表的版本中, 标题 (非他所写) 是《托马斯·曼论德国的罪责》(*Thomas Mann on German Guilt*)。

在匈牙利记者汉斯·哈贝 (Hans Habe) 的带领下, 一群讲德语的美国军官开始监管美国占领区内新兴的德国媒体。

这群美国军官的任务是将对居民发布的军队公告转为新的德国新闻, 并帮助建立流亡者与留在国内的反对者之间的联系。哈贝成功地接触了第二批人, 但未能使德国流亡者与他们和解。他们彼此互不信任。

在战争最后几天撰写的《德意志国与德意志人》(*Germany and the Germans*; *EK* V, 260–281) 中, 托马斯·曼对自己的德国传统进行了反思。1945年5月29日, 他在国会图书馆进行了痛苦的自我反省。他再次强调, 只有一个德国。德国的浪漫主义, 曾经是高品质艺术的宝库, 现在仍为他所喜爱, 但它拒绝了开明的现代性。吕贝克是他的出生地, 1926年他还在赞美这里的世界主义 (Weltbürgerlichkeit; *EK* III, 37), 而现在它已缩水为一个省级的哥特式小镇。马丁·路德是一位伟人, 但他把自己及其追随者从罗马天主教中分离出来, 这对欧洲和"世界"都是一个打击; 他狂暴而粗野, 令人厌恶。托马斯·曼令人诧异地将德国的侵略性归因于他所谓的"羞怯避世 (Weltscheu)", 即对世界的羞怯, 而德国有教养的市民则希望用暴力来克服这种羞怯。他认为, 瑞士的多语言环境比德国大城市包含更多的"世界性",并补充说:"在下向各位讲述的德意志……没有一句话源自外来的、不带感情的资料,无一不是切肤之感,都出于在下的亲身体验。"(*EK V*, 279; cf. *LC*, 64-65)《德意志国与德意志人》是一种自我折磨的展示,表明托马斯·曼愿意改变自己的观点。

当访问德国的邀请传来时,他并未在战败的德国人那里看到这种意愿。其中一封邀请信来自作家沃尔特·冯·莫洛(Walter von Molo),他曾与托马斯·曼一起在普鲁士艺术学院工作,他从托马斯·曼 5 月份发表的关于集中营的声明中读到了其对德国的积极态度。莫洛的公开信发表在军方控制的德语报纸上,邀请托马斯·曼访问德国,以团结的名义向受苦受难的德国人民发表讲话。莫洛认为,他们的内心与纳粹毫无共同之处;托马斯·曼应该像一名良医一样回来医治病人。1945 年 8 月 10 日,也就是莫洛的公开信在德国发表六天后,托马斯·曼收到了这封信。汉斯·哈贝和他的团队显然渴望推进他们的目标,即促进流亡者与留守的心怀不满的德国人之间的联系。

但托马斯·曼犹豫了。他向另一位流亡人士吐露了自己的矛盾心理:恐惧和一种(对德国)带点儿好奇的依恋相互平衡。[1] 直到 9 月 2 日,他才开始撰写给莫洛的复信,

---

[1] 1945 年 8 月 24 日致艾达·赫尔茨(Ida Herz):"恐怖与好奇的联系相互平衡(原文如此)"。该信现存于苏黎世瑞士联邦理工学院托马斯·曼档案馆。

几天后寄给战争情报办公室,另一份寄给了在纽约出版的德语周刊《建设》(*Aufbau*)。10 月 28 日,这封信以《我为什么不回德国》(*Why I do not Return to Germany*)为题刊发出来,略有缩写。这个标题旨在提升读者对接纳他们的国家的忠诚度,但这可能会误导读者:托马斯·曼并不排斥访问德国。在日记中,他把这篇文章称为《致德国的信》(*Brief nach Deutschland*)。10 月,哈贝创办的几家战后报纸也转载了这篇文章。

在给莫洛的回信中,托马斯·曼称莫洛邀请他回德国是天真之举,因为莫洛的要求忽略了他及家人在流亡中所承受的苦难和孤独。那些留在德国同时继续为该政权创造文化的人,才是拒绝团结的人。如果德国的精英们(有教养的市民)宣布罢工或离开德国,情况可能会大不一样。相反,他们却留下了,粉饰这个残暴的政权。他们的作品充斥着血腥和耻辱的味道,只配被捣成纸浆。然而,在尊重他美国公民身份的同时,他不会否认自己与德国的联系,并将继续用德语写作。最终,他将访问一个在新的世界秩序中更加幸福的德国(FA XIX.I, 72 - 82)。托马斯·曼的回信令德国人大失所望。他在信函末尾宣布有可能访问被占领的德国的信息被忽略了;拒绝永久回归故土才是最重要的信息。

曾在德国发表作品,但暗中秘密反对现政权的德国作家和记者现在造了"内部移民"(inner emigration)这个词,声称自己在道德上优于那些在棕榈树下躲过战争的流亡者。托马斯·曼则鄙视内部移民；尽管他的新书广受欢迎，但他与德国新出版物之间的隔阂却持续了一代人的时间。

当托马斯·曼在华盛顿发表题为《德意志国与德意志人》的演讲时，他已经为小说《浮士德博士：一位朋友讲述的德国作曲家阿德里安·莱韦屈恩的生平》（*Doktor Faustus: Das Leben des deutschen Tonsetzers Adrian Leverkühn, erzählt von einem Freunde*, 1947）工作了两年。小说的构思可以追溯到 1904 年，当时托马斯·曼正在追求卡蒂亚。其中一个设想是，一个失败的艺术家担心如果自己成家，就会失去局外人的视角；另一个则是，一个作家在追求一个年轻女孩时染上了梅毒，在婚礼前自杀身亡（*NB* II, 107）。有一则笔记将这位染上梅毒的作家认定为浮士德博士，是魔鬼让他染上了梅毒。梅毒病菌使他中毒，激发他创作出奇妙的作品，直到他瘫痪而死（*NB* II, 121 - 122）。

醉酒带来灵感暗指尼采的自传散文《瞧，这个人：人如何成其所是》（*Ecce Homo: How One Becomes What One Is*）。1902 年，神经学家保罗·尤利乌斯·莫比乌斯（Paul Julius Möbius）出版了一本书，书里声称，《瞧，这个人》中兴奋的语言，尤其是尼采描述他创作《查拉图斯特拉如是说》（*Thus Spoke Zarathustra*）的灵感这部分是诊断其患有梅毒的证据。托马斯·曼知道此书。1901 年至 1904 年间，为计划中的社会小说所记录的其他想法成了《浮士德博士》的一部分,尤其是那段反映了托马斯·曼迷恋保罗·艾伦伯格的阿德莱德插曲。从1933年开始不时出现在托马斯·曼日记中的条目可以看出,即使在创作约瑟小说期间,托马斯·曼的脑海中仍在不断地构思着一部关于浮士德的中篇小说。1934年2月11日的一则日记提到,浮士德小说是欧洲状况和命运的象征。但在1943年实际开始写作时,对德国问题的关注已把欧洲问题推到了托马斯·曼的意识背景中,并一直留在那里。

小说虚构的叙述者是高级中学教师塞雷努斯·蔡特布罗姆(Serenus Zeitblom),他是一位受过良好教育的市民,在希特勒掌权后辞去了教职。在他的朋友阿德里安·莱韦屈恩的传记中,主人公利用自己的超常智慧,在魔鬼的礼物——大脑中的梅毒病菌——的帮助下,创作出非凡的现代主义音乐。病菌消除了莱韦屈恩的束缚,使他能够表现出毫不妥协的现代性。

蔡特布罗姆坚持认为,所有恶魔的东西都与他的本性格格不入,但他之所以能写出阿德里安的传记,是因为他接受了恶魔对人类生活的普遍影响(*FA* X. I, 12; *DW*, 6)。他爱阿德里安,尽管阿德里安没有回应他的感情;"兴趣"对于现代主义者来说,是一种更强烈的情感(*FA* X. I, 106; *DW*, 77)。然而,蔡特布罗姆这位受过良好教育的市民并不了解他朋友的恶魔本性。例如,他对莱韦屈恩的结婚计划照单全收,而没有意识到这是一个魔鬼的阴谋,其目的是惩罚爱上莱韦屈恩的小提琴家施维尔特费格（Schwerdtfeger）。

为了突出莱韦屈恩深厚的日耳曼血统，托马斯·曼安排他在乡下的一个农场长大。随后，他在凯泽斯阿舍恩（Kaisersaschern）小城开始接受文化的熏陶，并与同学蔡特布罗姆结为好友。回首往事，蔡特布罗姆描述说，这个城市仍然充满了中世纪的精神，它的大教堂里有奥托三世（Otto III）的墓碑，作为意大利的神圣罗马帝国皇帝，奥托三世痛恨自己的德国血统。莱韦屈恩在文理中学学习期间就表现出超常的天赋，很快就感觉自己的水平优于一般的教学水平。他对数学和音乐的规律产生了兴趣，慢慢发现了音乐中的问题。在哈雷大学，他继续研究神学，期待神学能向他揭示文化的核心。但他很快发现了滑稽的一面：其中一位神学教授转变为马丁·路德的讽刺者。无论是主修古典语言学的蔡特布罗姆还是莱韦屈恩都没有表现出基督教信仰，更谈不上虔诚。阿德里安称上帝为"永远都在自我思想的思想"（FA X.I, 140; cf. DW, 103）：这位神学家不相信有人格化的上帝。蔡特布罗姆声称自己相信上帝，他认为自己是一个忠诚的天主教信徒，虽然他并不信教。

阿德里安未能从神学研究中发现文化的本质，于是在凯泽斯阿舍恩的音乐老师文德尔·克雷齐马尔（Wendell Kretzschmar）的指导下转向音乐创作的学习。同时，他获得了莱比锡大学的哲学博士学位,成为一位有教养的市民。叔本华的哲学很可能是他的课程之一,他强调音乐是最高的善,是包罗万象的"意志"本身的表现。但是,魔鬼插了一脚:他用性欲压制了莱韦屈恩的虚荣心。

在莱比锡期间,托马斯·曼让莱韦屈恩重温尼采经历的一个插曲,由尼采的同学保罗·多伊森(Paul Deussen)讲述。尼采雇了一个门房带他游览科隆(Cologne),并要求在游览结束后找一家餐馆,但门房把他带到了一家妓院。在衣着暴露的女人的包围下,他找到一架钢琴,弹了几个和弦,然后,正如多伊森记录的那样,他逃走了。[1] 莱韦屈恩在莱比锡重演了这一幕;然而,还未等他走到钢琴前,一个妓女就伸手抚摸了他的脸颊。莱韦屈恩倾心于她,对她的思念整整持续了一年,然后才回到妓院,结果他发现她已经搬到匈牙利的普雷斯堡〔Pressburg,现在的布拉迪斯拉发(Bratislava),斯洛伐克的首都〕。他给这个女人取名叫黑塔娥拉·艾丝梅拉达(Hetaera Esmeralda),这是他父亲的自然书中描绘的一种奇异飞蛾的名字。当他在普雷斯堡找到这个女人时,她警告他不要碰其身体,但阿德里安坚持;他心甘情愿地感染了梅毒,这代表着他与魔鬼的契约。他并不爱黑塔娥拉·艾丝梅拉达,于是立即离开了普雷斯堡,并将他的欲望转化为献给她的歌曲。《浮士德博

---

[1] Paul Deussen, *Erinnerungen an Friedrich Nietzsche* (Leipzig, 1901), p.24.

士》中没有相互满足的性爱。

他渴望被恶魔感染这一点在心理学上没有什么意义,但这是小说结构所需要的。《浮士德博士》是一部象征性的作品,虽然大部分(并非全部)都是现实主义的。有几个看似真实的人物其实都是魔鬼:哈雷大学的讲师施莱普弗斯(Schleppfuss)、莱比锡的门房、曾在意大利帕莱斯特里纳向莱韦屈恩显灵的变形魔鬼,以及在现实中扮演巴黎音乐会经纪人的诱惑者索尔·菲特尔伯格(Saul Fitelberg)。帕莱斯特里纳的第二个魔鬼扮演者是一位酷似西奥多·阿多诺的音乐评论家,他承诺为阿德里安的现代作曲提供帮助。

莱韦屈恩的早期作品使用浪漫主义者克莱门斯·布伦坦诺(Clemens Brentano)的诗歌,这些诗句将自然的和谐与死亡的主题进行对比。通过这些诗,他找到了一种新的作曲方法,他向蔡特布罗姆解释了他是如何用五个音符谱写了一首关于一个贞操有问题的女孩的谎言,这五个音符表示"hetaera esmerald",即他给那个妓女起的名字。由五个音符组成的音列可以有多种变化,但必须保持稳定;任何音都不能自由发挥。这种方法可以扩展到音阶的所有十二音和半音,这使得它几乎与阿诺德·勋伯格的连音或十二音作曲法相同。蔡特布罗姆提出了疑虑:十二音的组合难道不会消除作曲家的自由吗?阿德里安坚持认为,作曲家对音列的选择本身就是自由的。蔡特布罗姆则将这种音乐体系比作革命者为呼唤"自由"而产生的独裁统治（FA X.I, 297-283; DW, 205-208）。

托马斯·曼直接从勋伯格那里得知十二音作曲法，后者就住在托马斯·曼家附近。他还与当时住在西好莱坞的伊戈尔·斯特拉文斯基（Igor Stravinsky）有过接触。斯特拉文斯基因在1910年至1913年间为俄罗斯芭蕾舞团创作了一系列作品而蜚声国际。此后，他采用了新古典主义风格。莱韦屈恩的木偶剧本可能就效仿了他的模式。[1]

不过，在同样住在加州的西奥多·阿多诺的帮助下，托马斯·曼转向了比阿诺德·勋伯格更为激进的创新。阿多诺向托马斯·曼提供了他的《新音乐哲学》（*Philosophy of New Music*）第一部分的手稿，其主题是勋伯格的十二音作曲法的历史地位。阿多诺有时自己也作曲，他纠正并认可了托马斯·曼对莱韦屈恩音乐作品的表述。他的著作也为莱韦屈恩的老师文德尔·克雷齐马尔的塑造提供了理论依据。文德尔·克雷齐马尔是一位德裔美国音乐家，他将现代主义视为一个必要的历史发展过程。阿德里安与克雷齐马尔和阿多诺一样，宣称古典和浪漫主义时期的音乐已经结束。"作品！这是一个骗局。"他感叹道。"艺术不再愿意充当假象和游戏；它要成为认知，成为最终的知识（Erkenntnis）。"（FA X.I, 264-265; cf. DW, 192-193）

---

[1] Hans Rudolf Vaget, Seelenzauber: *Thomas Mann und die Musik* (Frankfurt/Main, 2006), pp. 38, 195, 225.

克雷齐马尔坚持认为贝多芬的钢琴奏鸣曲第111号标志着奏鸣曲形式的结束。作曲家和观众的音乐趣味不断变化，因此历史对艺术生产和接受的决定性力量变得过时了。阿多诺是黑格尔主义者，而托马斯·曼信奉的哲学家则是反黑格尔的叔本华和尼采。托马斯·曼并不认同他让莱韦屈恩创作的音乐是现代主义的。

莱韦屈恩在慕尼黑建立起社交关系后，他在附近一个小村庄的农场定居下来。城里的朋友来拜访他，通常是蔡特布罗姆，他在附近的弗莱辛（Freising）找到了一份教职。由于农场的建筑是以前修道院的遗迹，因而莱韦屈恩的周围仍然是中世纪建筑，这与他的音乐风格形成了鲜明的对比。他的喜剧歌剧《爱的徒劳》（*Love's Labour's Lost*）使用了莎士比亚的歌剧脚本，结果大多数观众在结束前就离场了。在用英语、法语和意大利语创作了一些歌曲后，莱韦屈恩开始为弗里德里希·戈特利布·克洛普斯托克（Friedrich Gottlieb Klopstock）的德语赞美诗《春天的庆典》（*Festival of Spring*）谱曲。蔡特布罗姆将这首曲子解释为对"上帝的赎罪的祭品"（"das werbende Sühneopfer an Gott"; *FA* X.I, 387; cf. *DW*, 281）。但这首曲子很矛盾，并不像蔡特布罗姆希望的那样一目了然。这首赞美诗赞美上帝的创造，但同时也表现了上帝在风暴中的破坏潜力。

克洛普斯托克称地球不过是水桶边缘的水滴；宇宙中地球的渺小使得上帝离开了他的天堂。对全能者的赞美并没有淹没不确定性。读者会对蔡特布罗姆描述的莱韦屈恩祈求上帝恩典的场景产生怀疑,因为他的交响诗《宇宙的奇迹》(*Marvels of the Universe*)表达了对上帝存在的怀疑。

第一次世界大战初期,莱韦屈恩忙于戏仿19世纪的歌剧,尤其是瓦格纳的音乐剧。提线木偶虔诚的姿态引发了人们狂热的笑声。对上世纪艺术的滑稽模仿暗示着一个时代的结束,正如1914年蔡特布罗姆以与作者相似的热情迎接战争一样。1943年,在撰写传记时,蔡特布罗姆承认他在1914年的雄心壮志是荒谬的。

莱韦屈恩很快就构思出了自己的突破理念。"突破"(Durchbruch)这个词在小说中出现了十四次。莱韦屈恩希望19世纪的浪漫主义精致化和精英化,特别是瓦格纳的作品,能够被宁静和谦逊的艺术所超越,服务于一个不是"拥有"文化而是"成为"文化的社会(FA X. I, 469; DW, 339)。虽然很感人,但蔡特布罗姆并不满意,他觉得这样的言论不符莱韦屈恩的雄心壮志。他的作品绝不能是大众化的,因为他的目标受众是有教养的市民。莱韦屈恩的最后一部作品将面向音乐精英。

战争结束时,莱韦屈恩身患重病,但当地医生却未诊断出他患了梅毒,之后他创作了清唱剧《形象启示录》(*Apocalipsis cum figuris*)。它与阿尔布莱希特·丢勒(Albrecht Dürer)的十五幅木刻版画同名。与《圣约翰启示录》(*Revelation of St John*)相反,莱韦屈恩的清唱剧并没有以一个新天、新地、新耶路撒冷和新生活结束,而是以"将一切吞没在其无望之口的深渊"结束(*FA* X. I, 524; *DW*, 380)。这是新音乐必须提供的那种结论,因为它不再只是游戏或假象,而是呈现出一种新的感知:正如莱韦屈恩所看到的那样,这是文化时代的终结。十二音作曲法改变了基本音列,让人无从逃避。因此,清唱剧第二部分开头的童声合唱听起来就像冰冷的天体音乐,其音乐实质是对清唱剧第一部分结尾处魔鬼地狱般狂笑的重现(*FA* X. I, 549; *DW*, 397)。

蔡特布罗姆讨论了莱韦屈恩的清唱剧中审美主义和野蛮倾向的混合特征,一群受过教育的公民对其进行了分析,这些人意识到启蒙运动和个人主义的时代已经结束。他们认为,西方文明未来的文化发展将走向野蛮。有教养的市民之间的这些讨论表明,在捍卫自己的文化免受国家社会主义的冲击时,德国知识分子是多么措手不及。

阿德里安的作品逐渐为新音乐爱好者所熟知。冯·托尔纳夫人(Frau von Tolna)是匈牙利一个大庄园里的寡妇,她鼓励和支持公众认可阿德里安的作品,并出资印刷他的乐谱。她的角色与支持作曲家彼得·伊里奇·柴可夫斯基(Pyotr Ilyich Tchaikovsky)的娜杰日达·冯·梅克(Nadezhda von Meck)相似。同娜杰日达一样,冯·托尔纳夫人虽然观看了每一场演出,但她并未与受资助者

（protégé）见面。小说中的描述表明她可能是黑塔娥拉·艾丝梅拉达，也许嫁给了她已故的现有庄园的主人，但蔡特布罗姆的传记没有证实这种猜测。阿德里安与冯·托尔纳夫人互通书信，就像冯·梅克与柴可夫斯基、托马斯·曼与他的支持者艾格尼丝·迈耶一样。冯·托尔纳夫人的庞大财产任由阿德里安支配，但他只使用过一次。

莱韦屈恩被小提琴家鲁迪·施维尔特费格（Rudi Schwerdtfeger）吸引，后者恳求他为自己创作一首小提琴协奏曲。莱韦屈恩答应了。在他的作品中，阿德里安将半嘲讽的传统元素与现代元素相结合，称这种协奏曲为"虔诚的罪恶"（FA X. I, 620; DW, 448）。由于传统元素使作品更加悦耳，因而此曲获得了成功。首场演出结束后，莱韦屈恩和施维尔特费格在冯·托尔纳夫人的庄园里度假，此后两人便以熟悉的方式交谈。但帕莱斯特里纳的魔鬼规定阿德里安不能去爱，使其卓越的天赋与天生的冷漠不可避免地结合在一起（FA X. I, 363; DW, 264），从而加强他的局外人本性。因此，莱韦屈恩必须与施维尔特费格分开，并以一种复杂而新奇的方式完成，其中包括莱韦屈恩的求婚和施维尔特费格被他的女性情人谋杀。莱韦屈恩将在最后的供词中将谋杀归咎于自己。蔡特布罗姆没有质疑阿德里安那不可能实现的婚姻计划的真实性：这是让读者怀疑蔡特布罗姆作为叙述者的可靠性的一次机会。电车谋杀案取自托马斯·曼1901年为《情人》所设计的情节。

正如魔鬼在帕莱斯特里纳所预言的那样,阿德里安的梅毒发作期与灵感爆发的创作期交替出现。他的生活也是如此:一段快乐的时光总以残酷的方式结束。他爱他 5 岁的侄子内珀穆克(Nepomuk),在其母亲生病期间,内珀穆克一直和他在一起。当这个男孩死于痛苦的脑膜炎时,阿德里安深受打击。由于他不顾魔鬼的禁令一直爱着这个男孩,所以他觉得自己对孩子的死负有责任。当他向魔鬼控诉时,满脸胡须,身体靠在墙上,头歪向一边的肩膀——莱韦屈恩强装出一个基督般的形象,反过来冒充了一个救世主——"我要夺回一切美好而崇高的东西,夺回人道,夺回人们为之奋斗、为之攻城略地、为之欢呼雀跃的《第九交响曲》"(FA X.I, 692-693; DW, 501)。[1]

莱韦屈恩的最后一部作品是康塔塔(cantata)《浮士德博士哀歌》(Dr Fausti Weheklag),记录了浮士德博士在魔鬼即将抓住他的前一晚与学生和朋友的告别。作为对《圣经》中"最后的晚餐"情节的反转,这首康塔塔的基本"音列"取代了曾经的"主题",与包含十二个音节的文本相对应:"因我死时是恶和善的基督徒。"作为一个虔诚的基督徒,莱韦屈恩作品中的浮士德一直希望自己的灵魂最终获得救赎,但他虔诚的邻居无法让他改变信仰;他拒绝了,就像耶稣拒绝魔鬼一样(Matthew 4:1-10)。就像他

---

[1] 贝多芬《第九交响曲》结尾处的副歌部分演唱了弗里德里希·席勒的《欢乐颂》(Ode to Joy),其中有一句:"众人皆兄弟"。

的作曲家莱韦屈恩一样,他不想回归传统的神圣公民式生活(Gottesbürgerlichkeit),这是一种资产阶级的生活方式,在一个由假定的仁慈的创世神——吉恩·布登勃洛克的神——统治的世界中生活。与贝多芬的《第九交响曲》相反,莱韦屈恩的康塔塔以一段管弦乐乐章结束,似乎表达了创世神对其悲惨世界的哀叹:"这本非吾意"(*FA* X.I, 711; *DW*, 515)。在大提琴的最后音调中,蔡特布罗姆意识到莱韦屈恩对恩典的恳求,就像黑夜中的一盏明灯,熠熠生辉。

莱韦屈恩在他故乡的家中与朋友们——一群慕尼黑社会名流——庆祝告别。蔡特布罗姆邀请来宾时许诺,莱韦屈恩将与他一起演奏他的康塔塔部分乐章。阿德里安在开场白和忏悔中告诉听众,为了克服当代艺术的停滞不前和自暴自弃,他与魔鬼签订了契约。在这种情况下,要想创作出有价值的艺术作品,就必须借助超自然力量;魔鬼一直是他心甘情愿的伙伴,现在他期待着自己的诅咒。虽然他的辛勤工作可能会对他有利,但他缺乏企盼恩典的勇气。

阿德里安的演讲包含了童话的元素,起初让听众觉得他的忏悔是一首诗。但很快,恐惧占了上风,慕尼黑的朋友们开始离开。莱韦屈恩走到钢琴前,弹奏了一段不和谐的和弦,并发出一声哀号,然后他抱住了钢琴,像被推搡了一下似的瘫倒在地。莱韦屈恩的女房东施魏格施迪尔(Schweigestill)夫人把他的头和上半身揽入怀中。蔡特布罗姆所描述的场景如雕像《圣母怜子像》描绘的那样，让人联想到耶稣被钉死在十字架上的情景和对他的死亡的哀叹。

蔡特布罗姆在他的书房里结束了他的报告，在那里，他可以听到，有时也可以看到，慕尼黑在夜幕中陷入火海。在莱韦屈恩生命终章前的序篇中，他记录了希特勒的德国战败的消息。他的后记写于德国军队投降之后，记述了莱韦屈恩精神错乱的日子，以及他与母亲在童年的农场度过的最后岁月。这些描绘重复了尼采生命终结时的情景。蔡特布罗姆的声音在祈祷中渐渐消失，他为他朋友的灵魂和他的国家祈求上帝的恩典，但在此之前，他将战败的德国与米开朗基罗在梵蒂冈西斯廷教堂画布上画的坠入地狱的死刑犯相提并论。

《浮士德博士》可以——或许必须——被解读为作者的自我谴责，因为它参与了一种进步的、永久创新的、具有破坏性的文化，在这种文化中，个人的、孤独的局外人艺术家加入到以利润为导向的资本主义民主制度。[1] 莱韦屈恩，这位避世羞怯（weltscheu, *FA* X.I, 194, 240）的艺术家，拥有成为文化领袖的卓越思想，但他选择了与世隔绝，创作他的末日诗歌。第一次世界大战的爆发阻止了莱韦屈恩的巴黎之行，他原本计划在那里演出其管弦乐作品（*FA*

---

[1] Hans Rudolf Vaget, 'Mann, Joyce, Wagner: The Question of Modernism in *Doctor Faustus*', and the response by David E. Wellbery, in *Thomas Mann's Doctor Faustus: A Novel at the Margin of Modernism*, ed. Herbert Lehnert and Peter C. Pfeiffer (Columbia, SC, 1991), pp. 167–197.

X.I, 446；*DW*，323）。这意味着莱韦屈恩因受到欧洲文化的影响，本应融入欧洲的艺术共同体。他将继续创作世界性的作品，并有可能摆脱他的德国魔鬼的影响。

战争期间，莱韦屈恩曾表达过一种新的、和睦的、爱的文化理念，这种文化将不再是个人主义和物质主义的（*FA* X.I, 449；*DW*，339）；《魔山》的结尾句唤起了一个即将到来的爱的时代（*FA* V.I, 1085；*MW*，854）。然而，战争在整个欧洲培育了一种不健康的民族主义。

这部小说直到 1947 年 2 月底才完成。一年前，托马斯·曼接受了肺癌手术。他认为是写小说让他病倒的，但他很快就康复了，而且没有复发。散文《陀思妥耶夫斯基与大众》（*Dostojewsky mit Massen*，1945）是为美国版《陀思妥耶夫斯基短篇小说集》（*The Short Novels of Dostoevsky*）撰写的序言，这篇文章的写作再次中断了《浮士德博士》的写作进程。

托马斯·曼曾寄给阿诺德·勋伯格一本《浮士德博士》的副本，并题词："献给真正的作者"（dem Eigentlichen），意思是勋伯格才是十二音作曲法的真正发明者。然而，勋伯格被此举激怒了。他坚信，托马斯·曼是一个将他的发明最终归功于己的人。尽管托马斯·曼在小说末尾添加了一个注释，确认勋伯格的作者身份，他仍耿耿于怀，直到 1951 年去世前不久才有所释怀。

《浮士德博士》将尼采的"距离憫怅"（pathos of

distance),即对创作高雅艺术的局外人的高度重视,归结为与魔鬼的契约。这并不意味着托马斯·曼抛弃了尼采。1947年4月,他在国会图书馆发表题为《从我们的体验看尼采哲学》的演讲,作为对《德意志国与德意志人》演讲的补充。他在纽约、伦敦以及苏黎世国际笔会的一些会议上,都用德语演讲了《从我们的体验看尼采哲学》。他以一种"既尊敬又怜悯"(Ehrfurcht und Erbarmen)的复杂态度来对待他的演说对象,对一个不堪重负的灵魂——这一点与哈姆雷特如出一辙——充满了同情(*FA* XIX.I, 186; *LC*, 69-70)。他承认纳粹滥用了尼采的某些思想,并批评尼采的哲学摒弃了理性与道德,转而追求本能和未被定义的"生命"(*FA* XIX.I, 208-209; *LC*, 88-89)。托马斯·曼将莱韦屈恩的魔鬼提到的《看,这个人》称为"无拘无束的晚期作品"(*FA* XIX.I, 192; *LC*, 75),但他也称赞尼采是"19世纪末最伟大的哲学家"(*FA* XIX.I, 188; *LC*, 71),称赞他的作品是哲学的典范,提供的不仅仅是冰冷的抽象概念。尼采从经验和苦难中成长,代表了人类的自我牺牲。

1947年,托马斯·曼和卡蒂亚的欧洲之行仅限于伦敦和瑞士;他们没有访问德国。同年,托马斯·曼从欧洲回来后,研究了歌德作品精选译本《永恒的歌德》(*The Permanent Goethe*)并撰写导言,该书于1948年由纽约戴尔出版社(Dial Press)出版。德文原作以《关于歌德的幻想》(*Phantasie über Goethe*) 为题单独收录在散文集《新研究》(*Neue Studien*, 1948) 中。这是托马斯·曼对他挚爱的作家进行的最详尽的研究。

1945年8月3日,他在日记中对《波茨坦公告》(Potsdam Agreement) 做出反应,这表明尽管《浮士德博士》的基调是负面的,但托马斯·曼对他的祖国仍饱含深情。他"对一切都感到震惊",战胜国不仅打算把德国变成一个农业国家,而且还要夺走它的农业地区。然而,同一篇日记却反映出他努力长远地看待这些事件:"德国玩了一场游戏(va banque),并且输了。"三天后,托马斯·曼的日记记录了轰炸广岛事件:"秘密大白于天下。"托马斯·曼似乎从他的妹夫、物理学家彼得·普林斯海姆(Peter Pringsheim)那里得知了这个"秘密"。尽管托马斯·曼深信战争已不再被允许,但他还是勉强认可并支持了对纳粹德国的战争。在了解了辐射的影响后,他更加强烈地呼吁和平;核战争只会带来极度的恐怖。

9 第二次移民：宽恕与欢乐的故事出现

托马斯·曼的大多数同胞并不认同他对战后全球新秩序的看法：广泛接受人道主义的社会主义，继续与苏联合作，废除自由企业经济。不出所料，在美国，尽管他再三声明坚决反对压迫性的共产主义意识形态，但很快他就被谴责为苏联共产主义的支持者。

由于与德国的邮政通信此时已开放，托马斯·曼发现有必要安抚几位朋友，他们在《浮士德博士》中看到了自己的形象，但这种形象并不总是对他们有利。西奥多·阿多诺是一个特例，他曾与朋友谈论他与托马斯·曼"共同创作"了这部小说。托马斯·曼的公开致谢既可以制止阿多诺的发声，又能公正地对待他的贡献。1949 年，《〈浮士德博士〉的形成：小说中的小说》（*Die Entstehung des Doktor Faustus: Roman eines Romans*）在阿姆斯特丹出版，英译本于1961年在伦敦和纽约出版。[1] 托马斯·曼让这个故事从他的日记中"生长"出来。

1949年，在歌德诞辰200周年之际，《纽约时报》(*New York Times*) 邀请托马斯·曼写一篇关于歌德的文章。托马斯·曼的文章题为《歌德：浮士德与梅菲斯特》(*Goethe: Faust and Mephistopheles*)，登在6月份的《纽约时报》上；德文版标题为《歌德，德意志的奇迹》(*Goethe, das deutsche Wunder*)。这不是托马斯·曼的原标题；他在日记中把这篇文章命名为《三个巨人》(*Die drei Gewaltigen*)，也许是暗指歌德的《浮士德》最后一幕中出现的三个破坏性巨人。1955年，托马斯·曼在东德出版的作品集首次使用了这个标题。

这篇文章质疑了三位著名的德国伟人，这三位伟人在他们的社会环境中脱颖而出，分别是路德、歌德和俾斯麦(Bismarck)。托马斯·曼认为，真正的伟大只属于歌德，他用充满矛盾的措辞来描述歌德，而这也适合他自己。歌德是浮士德，也是梅菲斯特(Mephistopheles)；他可以是虚无主义者，也可以拥抱一切存在。《三个巨人》中关于路德的部分很大程度上是基于尼采对路德的公开批判；它更像是《德意志国与德意志人》精神的讽刺性漫画。关于俾

---

[1] 伦敦版的标题为《一部小说的起源》(*The Genesis of a Novel*)，美国版的标题为《一部小说的故事：〈浮士德博士〉的起源》(*The Story of a Novel: The Genesis of Doctor Faustus*)。两个版本均由理查德·温斯顿(Richard Winston)和克拉拉·温斯顿(Clara Winston)翻译。

斯麦的部分尽管是批判的，但更为客观。

在歌德诞辰200周年之际，牛津大学也向托马斯·曼发出邀请，承诺授予他文学博士学位，并请他发表演讲。他撰写了《歌德与民主》(*Goethe und die Demokratie*, 1949)，并在前往欧洲的途中在国会图书馆和东海岸的一些大学里演讲。

在华盛顿访问迈耶夫妇时，托马斯·曼夫妇遇到了法兰克福大学的法学教授沃尔特·霍尔斯坦（Walter Hallstein），他后来成为西德的常任副国务卿，他敦促托马斯·曼到歌德的出生地法兰克福演讲。尽管由于最近的敌对通信和媒体报道，托马斯·曼不太情愿，但他还是同意了。霍尔斯坦认为，托马斯·曼庆祝歌德诞辰将有利于德国民主的发展，这一点说服了他。

在国会图书馆，托马斯·曼用英语宣读了他的演讲文稿，后来在牛津用德语宣读，在伦敦用英语宣读。托马斯·曼夫妇飞往斯德哥尔摩，在那里他们得知长子克劳斯在法国戛纳（Cannes）自杀的消息。但两人都认为，北欧国家的演讲约定仍应履行。托马斯·曼在乌普萨拉（Uppsala）、隆德（Lund）和哥本哈根（Copenhagen）用德语宣读了《歌德与民主》。

在《歌德与民主》一文中，托马斯·曼提出了一种自相矛盾的"民主"概念，即以人道的、专制的方式组织社会。托马斯·曼希望将民主视为对个人社会良知的呼唤，而非一种政府制度。在歌德的诗句"让人变得高尚、乐于助人和善良……/让他做有用的和正确的事而不感到疲倦"中,他找到了"所有民主的最高表达"(*FA* XIX. I, 635; cf. *LC*, 131-132)。托马斯·曼在演讲时肯定了歌德的贵族个人主义、他对法国大革命的反对以及对民主代议制的不赞成,但也指出歌德的实用主义、对万物生灵的同情、对基督教新教的崇敬——尽管他是反基督教的异教徒——以及对美国作为一个进步国家的赞赏,平衡了歌德的这些特点。

霍尔斯坦曾说服托马斯·曼在历史悠久的圣保罗教堂发表演讲,他还将在那里接受法兰克福的"歌德奖"。对于托马斯·曼的演讲,他建议以"返回家园"为主题,避开可能受到的责难。托马斯·曼听从了这个建议,在瑞士度假时写下了《歌德年致辞》(*Ansprache im Goethejahr*, 1949)。[1] 在那里,他得到消息说,魏玛将授予他荣誉公民称号。访问苏黎世的魏玛共和国代表团又给他增加了另一项荣誉:东德国家歌德奖。他接受了在魏玛演讲的邀请。

1949年7月15日和8月1日,托马斯·曼分别在法兰克福和魏玛演讲了《歌德年致辞》。他的演讲试图消除人们的一些印象——即认为他此前在广播讲话中批评整个德意

---

[1] 英译本曾刊登在文选集中,但未收入论文集。

志民族；他的批评只针对那个邪恶的政权。转而谈歌德时，他以一个乐观的主题作结——他特别提及了第二部分最后一幕中浮士德试图"开疆拓土"的情节，称赞主人公的努力是一种社会实践，是一种高级的人文主义。

这些演讲受到了热烈的欢迎，但由于需要回应"反不人道工作组"（Kampfgruppe gegen Unmenschlichkeit）在几家德国报纸上发表的公开信，演讲的积极影响被削弱了。该组织要求托马斯·曼在魏玛期间访问布痕瓦尔德集中营（Buchenwald），并表示这样的访问会鼓励那里受肺结核和饥饿折磨的囚犯。这座由纳粹政府建立的集中营此时用来监禁东德政权的反对者，其中包括抵制其政党与共产党统一的社会民主党人。托马斯·曼在启程前往斯图加特（Stuttgart）、慕尼黑和魏玛之前匆忙给出答复，他写道，他打算访问整个德国，不想遗漏东区的居民，也不想向魏玛当局提出他们不可能同意的事情。这一回答引起了西德媒体的强烈反应，他们谴责托马斯·曼访问魏玛是将独裁政权合法化。

在从鹿特丹乘船到纽约的旅途中，托马斯·曼开始为《纽约时报》撰写一篇关于他此行的报告，并在太平洋帕利塞德斯的家中继续写作。托马斯·曼被苏黎世社会民主主义报纸《人民权力》（Volksrecht）的请求打断，后者希望他对驻瑞典的反共产主义社会民主主义记者保罗·奥尔伯格（Paul Olberg）的一封公开信做出回应。这家瑞士报纸已将这封信转寄给托马斯·曼，并计划将其与他的回复一起刊发。虽然是怀着崇敬之情写的，但奥尔伯格批评了托马斯·曼在法兰克福向德国人民发表讲话的方式，称他不应该为自己的流亡道歉。奥尔伯格更不赞成他访问魏玛。作为回应，托马斯·曼坚持将社会主义与绝对卑劣的法西斯主义区分开来。诚然，集权主义的人民国家有其可怕之处，但"在那儿（东德），愚蠢和厚颜无耻最终不得不'闭嘴'（das Maul halten），这是一件幸事"（FA XIX.I, 720）。从魏玛返回的旅程中，他乘车穿过悬挂国旗的村镇，那里的年轻人向他的车队投掷鲜花，这抚慰了托马斯·曼受伤的德国灵魂。

1949年9月25日，《纽约时报》刊登了一篇文章，题为《今日德国：一个著名的流亡者对被毁灭、被征服的故土和不变的人民的印象》（*Germany Today: A Famous Exile's Impression of a Ruined, Vanquished Land and an Unchanging People*）。这篇文章总结了托马斯·曼对德国人民的观察。他说，如果他如今不得不住在德国，情况将与1932年没有什么不同：只有少数受过教育或具有洞察力的人会友好相待；大多数人都会憎恨他，称他为叛徒。对他们来说，在希特勒和民族主义的统治下，一切都要好得多。占领国的再教育失败了；美苏之间的紧张局势对德国社会的这些消极因素有利，国家社会主义正重新崛起。诚然，东部地区的政权是专制的，但托马斯·曼选择记住那里的殷勤接待，而不是他在西德收到的带有敌意的信件（FA XIX. I, 704-717）。托马斯·曼对奥尔伯格的回应和那时的游记都带有一丝自恋的意味。他忽视了西德人对东德的苏联军队的担忧，也忽视了西德人在忍受了多年的物资管制后回归自由企业经济的感激之情。

1950年夏，卡蒂亚和托马斯·曼计划再次前往瑞士。途中，他要在国会图书馆演讲，东海岸各地也发出了更多的邀请。托马斯·曼在日记中表示，他相信自己在华盛顿的演讲将成为历史性的举动，其重要性超过1930年在柏林的演讲。在柏林的演讲针对德国日益壮大的法西斯运动提出警告，而在华盛顿的演讲则针对美国盛行的反共意识形态提出警告。[1] 当年2月，共和党参议员约瑟夫·麦卡锡（Joseph McCarthy）在一次政治演讲中挥舞着一份文件，声称上面有美国国务院已知的共产主义者名单。

自传体演讲《我的时代》（1950）包含了对和平的呼吁。[2] 演讲在芝加哥和纽约举行，但国会图书馆馆长卢瑟·埃文斯（Luther H. Evans）担心托马斯·曼的演讲会损害图书馆的声誉。埃文斯曾收到一份档案，其中摘录了托马斯·曼近期旅行报告中关于东德共产党人的评述。这些材料可能是由美国联邦调查局提交的，该机构从1937年就开始对他进行调查。艾格尼丝·迈耶想让受自己资助的

---

[1] 1950年3月21日日记。
[2] 目前只有《哈泼斯杂志》（*Harper's Magazine*，1950年10月）提供了缩译本。

人远离舆论的焦点,她与埃文斯商定后决定"取消"当年的讲座。托马斯·曼只能同意。

像往常一样,托马斯·曼的欧洲之旅始于看望在芝加哥的女儿伊丽莎白及其家人。一千多人参加了他在芝加哥大学的《我的时代》朗读会。随后,他在纽约、斯德哥尔摩、隆德、巴黎、苏黎世和巴塞尔(Basel)也举办了朗读会。无论在哪里,托马斯·曼都支持和平,因此,人们越来越怀疑他支持苏联的和平宣传。他仍然担心德国的力量,计划中的欧洲煤钢共同体(European Coal and Steel Community)尽管有可能统一欧洲,但还是让他感到担忧。

在苏黎世庆祝75岁生日时,托马斯·曼收到了大量的贺信,接见了众多代表团,其中包括一个来自吕贝克的代表团。托马斯·曼的妻子一直等到庆祝活动结束后才告诉他自己即将动手术的消息,妻子入院后,托马斯·曼和女儿艾丽卡住进了可以俯瞰苏黎世的多尔德大酒店(Dolder Grand Hotel)。在那里,一个名叫弗朗茨·韦斯特梅尔(Franz Westermeier)的年轻侍者引起了他的注意。他在自己的秘密日记中坦言,自己的性欲被唤醒了。虽然建立联系是不可能的,但他很感激这种渴望的回归——上一次是在二十三年前与克劳斯·霍伊泽尔一起体验的。他觉得这渴望让他变得完整。

尽管托马斯·曼出人意料地认为他的演讲《我的时代》是非自传式的,但在演讲一开始他就承认自己的文学作品与基督教的宗教情感息息相关:"如果说基督教精神就是感知生命,将自己的生命视作罪孽、亏欠、痛苦,看成是某种急需纠正、拯救和辩护的东西,那么那些把我归入'反基督教作家'类型的德国神学家们的看法就有问题了。"(EK VI, 160)他坚持认为,即使他的作品看似俏皮幽默,但也暴露了对正当性需求的认识。

长久以来,托马斯·曼一直被认为是一位讽刺作家,因为他与世界保持距离。他承认,这种距离是一种"罪责"。在《我的时代》的结尾,他希望召开一个世界和平会议,终结军备竞赛,建立一个世界政府。

1950年6月,当朝鲜军队进入处于美国保护之下的韩国时,托马斯·曼对和平倡议的支持变得更加不稳定。当时由于苏联代表缺席,无法行使否决权,联合国投票支持对韩国的军事支援,美国和其他国家派兵加入。托马斯·曼认为,美国的介入一直持续到1953年,是冷战的一部分。

1950年8月,托马斯·曼夫妇从欧洲返回时想起1933年德国边境的威胁,担心一到美国就会被捕。艾丽卡是英国公民,目前与父母长期生活在一起,她乘飞机从加拿大回了家。三个人都安然无恙地抵达了太平洋帕利塞德斯。

11月底,他完成了《天选者》(Der Erwählte, 1951),这个故事取材于虚构的教皇格里高利(Gregorius)的传说,由中世纪诗人哈特曼·冯·奥厄(Hartmann von Aue)改编成诗歌。青年时代,托马斯·曼从慕尼黑工业大学的威廉·赫兹（Wilhelm Hertz）教授那里了解到哈特曼和他的《格里高利》（Gregorius）。赫兹教授称哈特曼的史诗是基督教的《俄狄浦斯王》（Oedipus）。根据学生时代托马斯·曼的听课笔记，他发现故事中的兄妹乱伦关系与瓦格纳《女武神》中西格蒙德和西格琳德的关系相似。[1]

在莱韦屈恩木偶剧的素材《罗马人的功绩》（Gesta Romanorum）中，托马斯·曼遇到了格里高利传奇的一种朴素形式，引导他找到了哈特曼的文本本身。虽然莱韦屈恩用这个传说来嘲讽中世纪的虔诚，但托马斯·曼对哈特曼的复述则更为严肃。作为读者，他一定被这样一个故事所打动：一个局外人为自己无法避免的罪行进行了严苛的赎罪，但这些罪行仍然作为"客观的"罪过附着在他身上；而童话般的结局奖励了罪人一个职位，使他能够解决自己世界的问题。

在参观瑞士圣加仑修道院时，托马斯·曼让爱尔兰修道士克莱门斯（Clemens）写下了哈特曼的故事。克莱门斯恪守教会的教规，认为乱伦是不可饶恕的罪过，而性欲则源于魔鬼（GW VII, 160; HL, 206）。当违反上帝的律法时，无论违反的原因是什么，违反者必须受到惩罚。叙述者试图一次又一次让自己和读者相信，母子乱伦是多么令人发指，尽管儿子和母亲可能都不知道他们彼此的关系。

---

[1] Yvonne Schmidlin and Thomas Sprecher, eds, *Thomas Mann: Collegheft 1893-1895* (Frankfurt/Main, 2001), pp. 87, 97, 99, 103-104, 109-110, 112.

9 第二次移民：宽恕与欢乐的故事出现 179

托马斯·曼晚年的手迹。

当叙述者告诉读者，敲响罗马钟声、表达上帝恩典降临在格里高利身上的"叙事之灵"就是叙述者爱尔兰人克莱门斯本人时，叙述者的庄重口吻变得可笑。最激动人心，也最能让读者对叙述者的罪恶观提出抗议的是，骑士艾森格林（Eisengrein）决定让这个因乱伦关系而降生的孩子消失，因为他与社会秩序格格不入。孩子被从母亲的怀抱中强扯出来，放在一个木桶中漂流出海，上帝来救他的希望是渺茫的。

在对门外汉普罗布斯（Probus）所设想的罗马花园的描述中，对教会道德僵化的幽默反对跃然纸上。在古罗马自然之神潘（Pan）和爱神阿莫尔［Amor，丘比特（Cupid）］雕像的残骸（丘比特的古代雕像失去了头颅）中，月桂树生长，野花盛开（*GW* VII, 198; *HL*, 256）。在中世纪的罗马，犹太教和基督教的精神信仰与自然和性背道而驰。

英吉利海峡中一座小岛上的场景属于这部作品的写实部分。格里高利与当地渔民格格不入，他重现了托尼奥·克勒格尔与普通人的疏离；他是一个与众不同的人。这也是一种罪吗？这是一个萦绕在看似轻松的故事中的严肃问题。

门外汉普罗布斯和牧师利比里乌斯（Liberius）前往格里高利进行苦修的北部湖及岩石时的场景非常有趣。当他们发现格里高利时，他的身体已经萎缩，就像一只刺猬，高级教士利比里乌斯担心这会使教会蒙羞,不愿把这个"次人类生物"当作未来的教皇带到罗马。他的外行伙伴坚持要继续这个童话故事,并取得了胜利。最后,西比拉(Sibylla)和格里高利将他们的生活和重逢诠释为艺术:"我们想为上帝提供娱乐"(GW VII, 257; HL, 332)。

1951年,《天选者》的德文版和英文版问世。1950年12月底,托马斯·曼重新开始创作他那关于骗子的小说《大骗子菲利克斯·克鲁尔的自白》。他从1910年开始创作这部小说,1913年搁置。我们将在本章末尾讨论它。

1952年是托马斯·曼一家在美国度过的最后一年。这一年的第一天,托马斯·曼写了一份关于他宗教信仰的声明。哥伦比亚广播公司邀请托马斯·曼为其题为《我相信》的系列广播节目供稿。托马斯·曼的宗教忏悔发表在报纸上,标题(非他本人所写)是《生命在时间的土壤中生长》(*Life Grows in the Soil of Time*)。[1] 他给德文原版取名为《转瞬即逝赞》(*EK* VI 219-221)。

这篇文章认为,转瞬即逝并不可悲,因为时间赋予生命以价值和尊严。时间使我们具有创造力和进步感,它使我们能够赋予事物灵魂。对短暂性的认识,对生命之开始和结束的认识,使人类有别于自然。人类是一个伟大的实

---

1 Edward R. Murrow, ed., *This I Believe*, broadcast New York, 1952.

验：如果因人类的过错导致实验失败，那就意味着创造本身的失败。散文家（托马斯·曼）使用了被动语态，避免说出创造者的名字。值得注意的是，托马斯·曼在这里认为永恒——叔本华"永恒的现在"（nunc stans）——是"绝对无趣（absolutely uninteresting）"的（*EK* IV, 219）。叔本华那个由永恒的"意志"主宰的世界似乎已不复存在。托马斯·曼在1938年的文章中曾将叔本华的哲学称为"世界的智性建构"（intellectual organization of the world），而他将自己的人文主义看得更重要（*EK* IV, 253; *EL*, 372）。既然约瑟小说的作者把上帝视为整体，那么只有这个上帝才是《我相信》中的那位无名实验者。

英国广播公司第三广播电台邀请托马斯·曼为"艺术家与社会"（The Artist and Society）系列广播撰稿，托马斯·曼撰写了一篇论文，并于1952年5月播出。他将德文原稿《艺术家与社会》（*Der Künstler und die Gesellschaft*; *EK* VI, 222-235）作为演讲文稿在欧洲巡讲。这篇文章把艺术家描绘成一个在社会上占有一席之地的局外人。艺术精神可以站在政治的左边或右边：例如，克努特·汉姆生（Knut Hamsun）和埃兹拉·庞德（Ezra Pound）就是向"右"站的。法西斯主义者使托马斯·曼转向了左倾的政治主张，但他向读者保证，他从未忘记自己是一个为社会民主奔走呐喊且带有滑稽意味的演说家。他认为自己处于社会的中心，不想被贴上左派的标签。

早在1952年,托马斯·曼就已多次怀疑自己是否应该在生命的最后几年为一个骗子虚构传记。他开始寻找一个更高贵的话题,很快便找到了一个:4月6日早餐时(日记中记录),他注意到妻子回忆起慕尼黑一位年长的贵族妇女,贵妇爱上了自己儿子的家庭教师。这个女人相信她新

托马斯·曼在苏黎世的埃伦巴赫,约1953年。

产生的欲望让她重新焕发青春，当月经似乎回来时，她的想法得到了证实；但其实出血的原因是子宫癌。几周后，在完成包含参观里斯本（Lisbon）自然科学博物馆的章节（克鲁尔小说片段的最后章节之一）之后，托马斯·曼的日记记录了对"受骗的女人"（the betrayed woman）故事的研究。新中篇小说的德语标题即为《受骗的女人》（*Die Betrogene*，1952）。由于将书名直译为《受骗的女人》对美国出版商来说不太适宜，所以英译本改为《黑天鹅》（*The Black Swan*，1954），因故事中黑天鹅嫉妒地对女人发出嘶嘶声的桥段而得名。我们将在本章的最后讨论这篇有点像托马斯·曼的证词的小说。

当艾丽卡·曼的入境申请再次被拒绝后，托马斯·曼一家就不可能返回美国定居了；艾丽卡已成为她父亲不可或缺的助手。1952年6月，他们离开纽约，在瑞士、奥地利和德国旅行了几个月。在苏黎世的多尔德大酒店，托马斯·曼为盖哈特·霍普特曼撰写了一篇纪念演讲稿，并于11月在美因河畔的法兰克福演讲。12月底，托马斯·曼一家搬进了位于苏黎世湖畔埃伦巴赫（Erlenbach）的一处出租屋。次年10月，他们卖掉了太平洋帕利塞德斯的房子，并在1954年买下他们位于苏黎世附近的基尔希贝格（Kilchberg）的房子。2016年，德国政府收购了托马斯·曼在加利福尼亚州的住宅。

在1953年4月底访问罗马期间，托马斯·曼受到了教皇庇护十二世（Pope Pius XII）的特别接见。他在日记中称这次会面是一次震撼而感人的经历。教皇站着迎接他的来访者，与其交谈了十五分钟，谈及罗马和自己对德国的热爱。托马斯·曼回忆道："我跪拜的不是一个人或一个政治家，而是一个清白的、精神上的、和善的偶像，他代表了西方的两千年。"（1953年5月1日日记）获得这一殊荣之后，托马斯·曼又获得了剑桥大学的博士学位；他在汉堡、科隆和杜塞尔多夫朗诵《大骗子菲利克斯·克鲁尔的自白》的片段时广受好评，与德国的关系也逐渐缓和。1953年，在卡蒂亚70岁的生日宴会上，她的丈夫发表了一篇感人至深的演说，表达了他对她"英雄般的忍耐"的感激之情，称"是爱与忠诚使她天性中的不耐烦变成这种忍耐"。

托马斯·曼晚期的政治言论证实了他对西方世界的忠诚，并继续呼吁和平。美国在欧洲的影响力令他担忧，尤其是西德政府加入北约，但他总体上支持社会民主党的政策。由于不相信西德媒体的新闻报道，他误认为1953年6月17日在东柏林发生的事件是由西德人挑起的（1953年6月19日至26日日记）。尽管西德一些年轻作家有左翼倾向，但托马斯·曼与他们鲜有交集。阿尔弗雷德·安德施（Alfred Andersch）是个例外，他欣赏托马斯·曼的散文及其政治观点。

自从他决定停止写作大骗子克鲁尔的职业生涯以来，他开始为一部以马丁·路德的婚礼为主题的中篇小说或戏剧做笔记。但他必须先集中精力写一篇关于席勒的文章，以纪念弗里德里希·席勒逝世150周年。《论席勒》（Versuch über Schiller，1955）是一篇九十页的论文，只能节选部分作为演讲的内容。这段节选内容于5月8日在斯图加特播出，在德国全境广受好评，并于5月15日在魏玛重播；对于这次访问德意志民主共和国引起的负面报道较少。吕贝克紧随魏玛之后，授予这位《布登勃洛克一家》的作者"荣誉公民"的称号。

1955年，托马斯·曼在苏黎世庆祝自己的80岁寿辰。瑞士联邦总统向他表示祝贺；宴会持续了一整天。之后，托马斯·曼夫妇在荷兰的海滨小镇诺德韦克（Noordwijk aan Zee）享受了一个海滨假期。女王朱莉安娜（Juliana）邀请他们在她位于苏斯特戴克（Soestdijk）的宫殿里进行了一次谈话。7月22日，托马斯·曼腿部疼痛，诊断结果表明是血栓引起的。在被送往苏黎世后，他的病情初步好转，但在8月12日，他的一条动脉破裂，导致了他的死亡。

尽管如此，我们仍然需要讨论一下《大骗子菲利克斯·克鲁尔的自白》的片段和《受骗的女人》——即一个女人遇到一只嘶嘶作响的黑天鹅的中篇小说。关于克鲁尔的小说最初是《王子殿下》的姊妹篇：两位主人公——王子和骗子——都过着表象化（representation）的生活；两者都以戏谑的方式展现了局外人艺术家的困境。然而，他们却处于社会秩序的两端。

1900年以后,德国报纸报道了国际骗子乔治·马诺莱斯库(Georges Manolescu)的辉煌事迹,他凭借高超的技巧和非凡的修养,使自己富甲一方,甚至赢得了贵族夫人的青睐。1905年他以德文出版了自己的回忆录,托马斯·曼对此回忆录展开了研究。一个艺术家罪犯的自传为模仿著名的自传提供了机会,尤其是歌德的《诗与真》,但小说片段不仅仅是模仿。

1955年,托马斯·曼接受"吕贝克荣誉市民"称号。两侧是卡蒂亚·曼和吕贝克市长奥托·帕萨尔格(Otto Passarge)。

当托马斯·曼在1910年开始写作时,他选择了一个商人的儿子作为他的"大骗子",此人甚至比作者更抗拒学校。但克鲁尔是有阶级意识的；他刻意模仿歌德的庄重语调，大谈人生的真谛，却总是弄巧成拙。在回忆录的开头，我们看到的克鲁尔曾在监狱服刑多年，退休后生活在英国。他的罪行、被捕过程和在监狱服刑的内容被放在小说的后半部分。在一次兵役体检中，克鲁尔假装癫痫发作，展示了他高超的自我控制能力。托马斯·曼喜欢公开朗读这一幕，而且经常这么做。它讽刺了威廉时代的军事化生活，如1903年的《幸福》就揭露了贵族骑兵军官的丑行，与哥哥亨利希·曼在《臣仆》（*Der Untertan*）中对威廉二世统治下的生活的讽刺如出一辙。

早一些的手稿写于1910年至1913年，在写到克鲁尔与妓女罗莎（Rozsa）的学徒关系时写作中断了，当时的克鲁尔还处于犯罪的边缘。在前往巴黎的途中，他在海关检查时偷了一个珠宝盒，但这并没有让克鲁尔感到良心不安；道德并不妨碍他的职业生涯。克鲁尔在巴黎当服务生的经历带有一丝社会批判色彩，这与托马斯·曼的社会主义倾向不谋而合。然而，很快，克鲁尔就能够以高级服务生的身份进行表演，因为他已掌握了一套完美的骗术。他在这方面的成功有时可能会让读者失去继续阅读的兴趣，但没有削弱小说的荒诞性。

克鲁尔的"忏悔录"中有许多生动的场景，与胡弗莱夫人（Madame Houpflé）的性爱场面尤为精采。这一幕反映了小说的主题之一：阶级差异的随意性。富裕女作家黛安（Diane）通过与一个门房发生性关系来羞辱自己，从而获得性满足。克鲁尔在满足黛安的同时，还得安慰另外两个失意的情人：一个是埃莉诺·特文提曼（Eleanor Twentyman），一个是基尔马诺克勋爵（Lord Kilmarnock），后者是一个同性恋者，克鲁尔拒绝了他的同居邀请。作者把自己大鼻子的特征赋予了基尔马诺克。

在小说的结尾，克鲁尔从古生物学家兼里斯本自然历史博物馆馆长库库克（Kuckuck）教授那里了解到生命和存在。教授说，当存在从虚无中产生，生命从存在中产生，人从动物中产生时，一定有什么东西被添加到了混合体中（*FA* XII. I, 312-313）。爱，性的满足，是生命最本真的组成部分。库库克用一个词来表达对这种整体性的崇敬——"普遍同情（Allsympathie）"（*FA* XII. I, 319; *CL*, 295）。他对整体的同情为叔本华包罗万象的"意志"披上了一层幸福的外衣。库库克的学说与作者的世界观很接近；其中包括他对短暂性的赞美。

库库克对"普遍同情"的阐述，以及后来对斗牛源自古老而暴力的宗教的阐释，使他成为一名宗教导师。克鲁尔仍然保持着他的虚假身份，但骗子主题的推进似乎因成长小说的发展而放慢了脚步。当克鲁尔谈到爱情的奇迹改变了两个人的不同感受时，读者都忘记了自己是在听一个罪犯说话。当克鲁尔赢得一位罗马风格成熟女性的爱时，她让人想起那位托马斯·曼从未见过的葡萄牙祖母。

托马斯·曼选择了杜塞尔多夫的莱尼施（Rhenisch）小镇作为《受骗的女人》（即《黑天鹅》）的背景。这是克劳斯·霍伊泽尔的家乡，托马斯曾在1927年与他相爱，这与小说情节发生的时间相近。最近，他又遇到了另一个这样的爱情事件，或者说"艳遇"：1950年在苏黎世与弗朗茨·韦斯特梅尔邂逅。这段不得不放弃的新爱情经历构成了这个故事的基础。

叙述者将这位受骗的女人罗莎莉·冯·蒂姆勒（Rosalie von Tümmler）描绘成德国中产阶级的一员。她是一个普通的市井小民，与女儿和睦相处。她的女儿是一位受过良好教育的现代画家，一个艺术界的有教养的市民。在这一情节的发展过程中，托马斯·曼仍然坚信，在包括"对死亡的同情"在内的生命宗教的指引下，有教养的市民可以融入到社会和谐的世界观中。50岁的罗莎莉爱上了一个比她年轻得多的男人，以此体验她的"艳遇"。与弗里德曼先生的"艳遇"类似，罗莎莉的艳遇也以死亡告终，但她并没有像弗里德曼先生那样心怀愤怒和屈辱。罗莎莉的死是与生命的和解，与万物的和解，虽然没有得到满足，但她经历了真正的爱。尽管已为人妻，但她还是第一次感受到真爱。"是我想要的。"她感叹道（*GW* VIII, 901; cf. *SL* II, 369）。

她在洛可可城堡的密室里宣布了她的爱，当时她和家人以及她儿子的年轻美国家庭教师一起参观了这座城堡。走近城堡时，这群人在护城河中遇到了一群黑天鹅。罗莎莉用年轻人口袋里的面包喂它们,她自己也吃了一些,这象征着她与心爱之人的结合;面包让人想起宗教祭祀的供品。当罗莎莉欣赏着美丽的天鹅时,一只渴望得到食物的天鹅朝她冲过来,发出咄咄逼人的嘶嘶声。它对食物的渴望滑稽地模仿了罗莎莉的渴望,将后者与叔本华的"意志",与她的死亡以及她对"整体存在"的接受联系起来。

罗莎莉的死与她的新爱情交织在一起。我们可以将她对女儿的遗言解读为一种成熟的宗教见证,代表作者,也面向读者。这位美国青年的批判之辞,同样是一种象征性的见证,他描述的美国不同于作者刚刚离开的那个令他深感失望的美国,为另一种可能性留下伏笔。在《受骗的女人》中,托马斯·曼将这种希望寄托在这位年轻的美国人身上,让他以最强烈的措辞表达对祖国的不满。他认为"骇人听闻"的是:"对美元的追求和麻木不仁的教堂活动""对成功的崇拜""巨大的平庸"。他更喜欢有历史意识的欧洲,这也许是在暗示人们可以从历史中吸取教训(*GW* VIII, 897; *SL* II, 365)。虽然在对德战争中受伤,但他对身处同一场战争中的一位寡妇产生了好感——正是他,让她第一次感受到了真爱。他们之间的情感象征着本该从"世界死亡盛宴"中升华的爱(*FA* V.I, 1085; *MW*, 854)。托马斯·曼于1952年在加利福尼亚州的太平洋帕利塞德斯开始写作《受骗的女人》,并于1953年在苏黎世湖畔的埃伦巴赫完成。

后记：现代视角

托马斯·曼的大部分小说——即使不是全部——都带有象征意义。《布登勃洛克一家》以一个家族的衰落为主线，揭示了现代商人的冷酷无情。《菲奥伦萨》展现了现代唯美主义作为一种宗教替代方案的失败，而牧师则利用宗教为自己赢得权力。《魔山》赋予一个普通的德国浪漫主义青年探索现代性的自由，但他的自由是浪漫主义的——与死亡和过去相关联，没有为这个年轻人的未来提供指导，所以他在迷失于战争之前就感到困惑和迷茫。《孪生兄妹》则以犹太人同化为主题，剖析了局外人的困境：当某个外来者放弃与世隔绝的生活、变得富裕而自满，同时又放弃了自己的艺术使命时，他便会产生身份认同问题。《浮士德博士》通过一位作曲家的虚构传记，展示了现代艺术家的野心如何变得具有破坏性，并预示着一个时代的终结——在这个时代，宗教的确定性减弱后，艺术可以为人生困境提供安慰。《天选者》反其道而行之，使叙述精神与叙述者的道德秩序对立，从而对抗《浮士德博士》中的消极态度。

当托马斯·曼的小说涌动着象征性的暗流，并拓展出更丰富的意义时，这是否构成了一种反讽？"反讽"一词在

《一个不问政治者的沉思》中以各种细微不同的含义出现。这促使评论家将反讽视为托马斯·曼作品的一种特殊语言现象。相反，在我们看来，托马斯·曼运用了尼采的透视主义（perspectivism）概念，他认为所有意义都取决于观察者的视角，但形而上学的真理则无法确定。虽然反讽可能会借虚妄之言指向某种真理，但它坚持这一真理的确定性，而透视主义则让几种局部的真理汇聚在一起。

《上帝之剑》中，视角的突然转换让我们认识到，如果我们想要理解托马斯·曼作品的现代性，"透视主义"一词比"反讽"更有用。叙述者观察并描述了身处20世纪初慕尼黑的希洛尼穆斯，他身着修道士装束，酷似吉罗拉莫·萨沃纳罗拉。当希洛尼穆斯听学生们描述橱窗里的圣母画像时，叙述者似乎无法进入希洛尼穆斯的心灵。但是视角突然发生了变化——叙述者消失了，读者被允许进入希洛尼穆斯的内心世界，在那里，圣母的感性形象已经牢牢占据了他的心灵。他无法将其驱除，直到来自上天的声音命令他停止"轻浮的放荡和无耻狂妄的美"（FA II. I, 230-231）。小说的下一节以戏剧性的场景描述了希洛尼穆斯在商店里徒劳无功的行为：我们本可以理解他的话，但叙述者又回来了，阻挡了我们对他的感受的所有洞察，直到最后几段，希洛尼穆斯的思想再次在读者面前活跃起来。

这种变化的结果是，两种视角都不能声称自己是真实的：来自上天的命令无法得到叙述者声音的验证。由于希洛尼穆斯在商店里的所作所为被证明是徒劳的，来自上天的声音也就无济于事，它的存在也就变得令人怀疑。不存在有特权的真理。上天的命令可以被认定为希洛尼穆斯内心的声音，这将使叙述者因无法进入其虚构人物的意识而变得具有讽刺意味。但是，小说文本中并没有显示出对其中任何一方的偏爱；我们对希洛尼穆斯内心世界的了解仍然有限，这也影响我们理解整个文本的意义。我们对希洛尼穆斯的看法变得很矛盾。

叙述者扮演观察者的角色，让我们意识到"艺术品商店"里的艺术品品质低劣，无需做出评判。希洛尼穆斯最终成了一个弱者，得不到上帝的保护，也没有受到上帝的报复，他疯狂地幻想着烧毁那些浮华的艺术品，就像四个世纪前萨沃纳罗拉在佛罗伦萨所做的那样。他期望上帝之剑会降临慕尼黑，但这只是一种幻想。然而，读者可能会钦佩希洛尼穆斯的勇气，并同意他所传达的观点。他指责诱人但不真实的艺术是不恰当的艺术现代性，难道不是吗？

在《魔山》中，两个人物——塞塔布里尼和纳夫塔——的世界观截然相反。类似的例子出现在《布登勃洛克一家》开篇，老布登勃洛克是一位启蒙运动者，他在检查8岁的冬妮对马丁·路德"小教理问答"的了解程度。他意在嘲笑路德的创世论，戏弄冬妮信奉基督教的父母。小说中这段文字表明了他的观点：冬妮在背诵路德的解释时卡住了。在母亲的暗示下，她高兴地找到了正确的词语，并将自己重新发现的能力与冬天滑雪橇下山相提并论。冬妮的练习只是死记硬背。她把基督教的教义背得滚瓜烂熟,对背后的意义却一无所知。在《布登勃洛克一家》的其他章节,资产阶级时代所理解的基督教信仰也受到了质疑。以叔本华将死亡视为回归"意志"的观点为中心的替代宗教的尝试也是如此,它给托马斯·布登勃洛克带来的安慰并不持久。在托马斯·曼的许多作品中,宗教都是一个悬而未决的问题。他四卷本的《约瑟和他的兄弟们》追溯了从至高神到整体神的发展过程;后者是一个既包含善也包含恶的上帝。

约瑟小说比深受德国灾难影响的《浮士德博士》更能称得上是托马斯·曼的代表作。托马斯·曼让与自己有着诸多共同之处的蔡特布罗姆向其个人的上帝祈祷,但在谈到他自己的宗教时,托马斯·曼却迟迟不愿表达对永生上帝的个人信仰;这个上帝会颁布永恒的规则,并对每个人进行单独的审判。然而,他谴责德国国家社会主义党人要废除宗教和礼拜场所的意图,宣称基督教和古代遗留下来的文明是西方文化不可或缺的元素(FA XXIII.I, 620)。

在詹姆斯·乔伊斯(James Joyce)的作品中,我们发现了一种类似的挣扎,即摆脱了传统束缚的新自由与被排除在熟悉世界之外、注定成为局外人的恐惧之间的斗争。乔伊斯和托马斯·曼的虚构作品在很大程度上都是经过改造的自传,展现了一种外化的内心挣扎,即忠于熟悉的环境与渴望自由地改造环境之间的挣扎。

参考书目

托马斯·曼的作品

Bürgin, Hans, ed., *Gesammelte Werke in Dreizehn Bänden* (Frankfurt/Main, 1960, 1974)

Detering, Heinrich, et al., eds, *Große kommentierte Frankfurter Ausgabe der Werke von Thomas Mann*, in progress (Frankfurt/Main, 2002–)

Dietzel, Ulrich, and Rosemarie Eggert, eds, *Heinrich Mann: Briefe an Ludwig Ewers, 1889–1913* (Berlin, 1980)

Inge Jens, ed., *Tagebücher 1944 to 1.4.1946* (Frankfurt/Main, 1986)

— *Tagebücher 28.5.1946–31.12.1948* (Frankfurt/Main, 1989)

— *Tagebücher, 1949–1950* (Frankfurt/Main, 1991)

— *Tagebücher, 1951–1952* (Frankfurt/Main, 1993)

— *Tagebücher, 1953–1955* (Frankfurt/Main, 1995)

Kurzke, Hermann, and Stephan Stachorski, eds, *Essays*, 6 vols (Frankfurt/Main, 1993–1997)

Mann, Erika, ed., *Thomas Mann: Briefe*, 3 vols (Frankfurt/Main, 1961–1965)

Mann, Thomas, *Die Entstehung des Doktor Faustus: Roman eines Romans* (Amsterdam, 1949)

— 'Germany Today: A Famous Exile's Impression of a Ruined, Vanquished Land and Unchanging People', *New York Times Magazine*, 25 September 1949

— *The Problem of Freedom* (New Brunswick, NJ, 1939)

— 'The Years of My Life', abbrev., *Harper's Magazine*, October 1950

— *Thomas Mann's Addresses Delivered at the Library of Congress 1942 – 1949* (Washington, DC, 1963)

Mendelsohn, Peter de, *Thomas Mann: Tagebücher, 1918 – 1921* (Frankfurt/Main, 1979)

— *Tagebücher, 1933 – 1934* (Frankfurt/Main, 1977)

— *Tagebücher, 1935 – 1936* (Frankfurt/Main, 1978)

— *Tagebücher, 1937 – 1939* (Frankfurt/Main, 1980)

— *Tagebücher, 1940 – 1943* (Frankfurt/Main, 1982)

Potempa, Georg, ed., *Thomas Mann: Beteiligung an politschen Aufrufen und anderen kollektiven Publikationen* (Morsum/Sylt, 1988)

Schmidlin, Ivonne, and Thomas Sprecher, eds, *Thomas Mann: Collegheft 1893 – 1895* (Frankfurt/Main, 2001)

Wysling, Hans, and Marianne Fischer, eds, *Dichter über ihre Dichtungen: Thomas Mann*, 3 vols (Munich, 1975 – 1981)

— *Thomas Mann-Heinrich Mann: Briefwechsel 1900 – 1949* (Frankfurt/Main, 1995)

Wysling, Hans, and Yvonne Schmidlin, eds, *Thomas Mann Notizbücher*, 2 vols (Frankfurt/Main, 1991, 1992)

托马斯·曼作品的英译本

Buddenbrooks, trans. John E. Woods (New York, 1993)

Confessions of Felix Krull, Confidence Man: Memoirs, Part I, trans. Denver Lindley (London, 1977)

'Death in Venice' and other Stories by Thomas Mann, trans. David Luke (New York, 1988)

Death in Venice and other Tales, trans. Joachim Neugroschel (New York, 1998)

Doktor Faustus, trans. John E. Woods (New York, 1997)

Essays of Three Decades, trans. Helen Lowe-Porter (New York, 1947)

Joseph and his Brothers, trans. John E. Woods (New York, 2005)

Last Essays, trans. Tania Stern and James Stern (New York, 1959)

Letters of Heinrich and Thomas Mann, 1900 – 1949, ed. Hans Wysling, trans. Don Renau (Berkeley, CA, 1998)

Letters of Thomas Mann, ed. and trans. Clara and Richard Winston (New York, 1971)

Lotte in Weimar: The Beloved Returns, trans. Helen Lowe-Porter (Berkeley, CA, 1990)

Order of the Day: Political Essays and Speeches of Two Decades, trans. Helen Lowe-Porter and Agnes Meyer (Freeport, NY, 1969) [Meyer translated only pp. 114 – 142]

Postmasters and Other Papers: Thomas Mann, trans. Helen Lowe-Porter (Freeport, NY, 1968)

Reflections of a Nonpolitial Man: Thomas Mann, trans. Walter D. Morris (New York, 1983)

Royal Highness, trans. with a new Preface by A. Cecil Curtis, intro. Alan Sica (Berkeley, CA, 1992)

Stories of a Lifetime, 2 vols, trans Helen Lowe-Porter and Willard R. Trask (New York, 1970) [Trask translated 'The Black Swan', vol. II, pp. 348 – 411]

The Genesis of a Novel, ed. and trans. Clara and Richard Winston (London, 1961)

The Holy Sinner, trans. Helen Lowe-Porter (New York, 1951)

The Magic Mountain: A Novel, trans. John E. Woods (New York, 1995)

The Story of a Novel: The Genesis of Doctor Faustus, ed. and trans. Clara and Richard Winston (New York, 1961)

This I Believe, broadcast, ed. Edward R. Murrow (New York, 1952)

二手文献与背景资料

Bahr, Ehrhard, Thomas Mann, *Der Tod in Venedig, Erläuterungen und Documente* (Stuttgart, 2005)

—— *Weimar on the Pacific: German Exile Culture in Los Angeles and the Crisis of Modernism* (Berkeley, CA, 2007)

Bin Gorion, Micha Joseph (Micha Joseph Berdyczewski), *Die Sagen der Juden* (Frankfurt/Main, 1919)

Böhm, Karl Werner, *Zwischen Selbstzucht und Verlangen: Thomas Mann und das Stigma Homosexualität* (Würzburg, 1991)

Brainin, S. N., trans., Jacob Wassermann, *My Life as German and Jew* (New York, 1933)

Burckhardt, Jacob, *The Civilization of the Renaissance in Italy*, 15th edn (London, 1929)

Deussen, Paul, *Erinnerungen an Friedrich Nietzsche* (Leipzig, 1901)

Dierks, Manfred, *Thomas Manns Geisterbaron: Leben und Werk von Schrenck-Notzing* (Gießen, 2012)

— 'Thomas Mann's Late Politics', in *A Companion of the Works of Thomas Mann*, ed. Herbert Lehnert and Eva Wessell (Rochester, NY, 2004), pp. 203-219

Eicken, Friedrich, *Geschichte und System der mittelalterlichen Weltanschauung* (Stuttgart, 1887)

Häberlin, Karl Ludwig (H. E. R. Belani), *Goethe und sein Liebeleben* [sic]: *Historischer Novellenkreis*, vol. II (Leipzig, 1866)

Hahn, Manfred, Anne Flierl and Wolfgang Klein, eds, *Heinrich Mann, Essays und Publizistic: Kritische Gesamtausgabe*, vol. II (Bielefeld, 2012)

Heller, Erich, *The Ironic German: A Study of Thomas Mann* (Boston, MA, 1958)

Jens, Walter, and Inge Jens, *Frau Thomas Mann: Das Leben der Katharina Pringsheim* (Reinbek, 2003)

Jeremias, Alfred, *Das alte Testament im Lichte des Alten Orients* (Leipzig, 1904)

Landauer, Gustav, *For Socialism*, trans. David J. Parent (Saint Louis, MO, 1978)

Mann, Heinrich, *Ein Zeitalter wird besichtigt* (Berlin, 1973)

—, Novellen. *Zweiter Band* (Berlin, 1978)

—, *Briefe an Ludwig Ewers, 1889-1913*, trans. Ulrich Dietzel and Rosemarie Eggert (Berlin, 1980)

Mann, Katia, *Meine ungeschriebenen Memoiren*, ed. Elisabeth Plessen and Michael Mann (Frankfurt/Main, 1974)

Marcus, Judith, *Georg Lukács and Thomas Mann: A Study in the Sociology of Literature* (Amherst, MA, 1987)

Muschg, Walter, *Tragische Literaturgeschichte* (Bern, 1948)

Nietzsche, Friederich, *Sämtliche Werke. Kritische Studienausgabe* (KSA), 15 vols, ed. Giorgio Colli and Mazzino Montinari (Munich, 1988)

Pütz, Peter, 'Joseph and his Brothers', in *A Companion to the Works of Thomas Mann*, ed. Herbert Lehnert and Eva Wessell (Rochester, NY, 2004), pp. 159–179

Reed, Terence James, *Thomas Mann: The Uses of Tradition*, 2nd edn (Oxford, 1996)

Saine, Thomas P., 'Passion and Aggression: The Meaning of Werther's Last Letter', *Orbis Litterarum*, xxxv (1980), pp. 327–356

Shookman, Ellis, *Thomas Mann's Death in Venice: A Novella and Its Critics* (Rochester, NY, 2003)

Siefken, Hinrich, 'Lotte in Weimar-"Contactnahme" and Thomas Mann's Novel about Goethe', *Trivium*, XIII (1978), pp. 38–52

— 'Thomas Mann's Novel "Lotte in Weimar"-a "Lustspiel"?' *Oxford German Studies*, XI (1980), pp. 103–122

— *Thomas Mann: 'Ideal der Deutschheit'* (Munich, 1981)

Stein, Peter, ed., *Heinrich Man: Essays und Publizistik: Kritische Gesamtausgabe*, vol. I (Bielefeld, 2013)

Theilhaber, Felix, *Goethe: Sexus und Eros* (Berlin, 1929)

Vaget, Hans Rudolf, '"The Best of Worlds": Thomas Mann in Princeton', *Princeton University Library Chronicle*, vol. LV (2013), pp. 9–37

— 'Mann, Joyce, Wagner: The Question of Modernism in *Doctor Faustus*', in *Thomas Mann's Doctor Faustus: A Novel at the Margin of Modernism*, ed. Herbert Lehnert and Peter C. Pfeiffer, with a response by David E. Wellbery (Columbia, SC,

1991), pp. 167-197

— *Seelenzauber: Thomas Mann und die Musik* (Frankfurt/Main, 2006)

— 'Thomas Mann und Theodor Fontane: Eine rezeptionsästhetische Studie zu "Der kleine Herr Friedemann"', *Modern Language Notes*, XC (1975), pp. 448-471

— *Thomas Mann, Kommentar zu sämtlichen Erzählungen* (Munich, 1984)

Villari, Pasquale, *Life and Times of Girolamo Savonarola* (New York, 1909)

Yisrael, Mimekor, *Classical Jewish Folktales* (Bloomington, IL, 1976)

致谢

在完成本书稿的过程中,我们得到了以下机构及其工作人员的帮助,在此一并致谢:加利福尼亚大学欧文分校及其馆际互借设施;苏黎世瑞士联邦理工学院托马斯·曼档案馆的卡特琳·贝德尼格博士(Dr Katrin Bedenig)及其同事,特别感谢罗尔夫·博尔特(Rolf Bolt),他为我们提供了大部分插图;吕贝克布登勃洛克之家博物馆的布丽塔·迪特曼(Britta Dittmann),以及吕贝克圣安妮博物馆图片档案馆的埃尔克·克吕格(Elke Krüger)在图片方面提供的帮助;慕尼黑市立图书馆莫纳森西亚文学档案馆的弗兰克·施密特(Frank Schmitter);美茵河畔法兰克福塞缪尔·费舍尔出版社的罗兰德·斯帕尔(Roland Spar)和多丽丝·马尔(Doris Mall)。我们还要感谢尼古拉斯·雅各布斯(Nicolas Jacobs),在语言不通的情况下,他也总是随时提供建议。我们还要特别感谢瑞克新出版社(Reaktion)友好热情、乐于助人的工作人员,尤其是艾米·索尔特(Amy Salter)和哈里·基洛尼斯(Harry Gilonis)。

图片鸣谢

作者与出版商希望对以下提供说明性材料和（或）允许转载该材料的机构表示感谢。

第 19 页、第 34 页的图片复印件由吕贝克布登勃洛克之家提供；第 70 页、第 148 页的图片复印件由吕贝克布登勃洛克之家提供（版权归费舍尔出版社）；第 13 页、第 152 页的图片版权归汉萨同盟城市吕贝克（der Hansestadt Lübeck）所有，经友情授权复制；第 155 页的图片（由吕贝克布登勃洛克之家提供复印件）版权归汉斯·克里普甘兹（Hans Kripganz）；第 9 页的图片来自华盛顿国会图书馆版画和照片部——卡尔·范·维克滕（Carl Van Vechten）作品系列；第 118 页的图片来自慕尼黑市立图书馆；第 16、17、23、43、46、56、57、62、67、75、78、79、80、84、85、86、87、89、91、96、103、113 页的图片经苏黎世托马斯·曼档案馆许可复制。

* 以上图片页码均为原版书页码

著译者

作者 |

赫伯特·莱纳特（HERBERT LEHNERT），美国加州大学欧文分校德语名誉教授，出版了许多关于德国文学的书籍。
伊娃·韦塞尔（EVA WESSELL），美国加州大学欧文分校人文学院讲师。

译者 |

黄兰花，福建连城人，现任教于中国传媒大学，主要从事西方文论、德语文学研究。

图书在版编目（CIP）数据

托马斯·曼胶囊传 / （美）赫伯特·莱纳特，（美）伊娃·韦塞尔著；黄兰花译. -- 上海：上海文艺出版社，2025

（知人系列）

ISBN 978-7-5321-8890-1

Ⅰ.①托… Ⅱ.①赫… ②伊… ③黄… Ⅲ.①曼（Mann, Thomas 1875-1955）—传记 Ⅳ.①K835.165.6

中国国家版本馆CIP数据核字(2024)第092352号

Thomas Mann by Herbert Lehnert and Eva Wessell was first published by Reaktion Books, London, UK, 2019, in the Critical Lives Series.

Copyright © Herbert Lehnert and Eva Wessell, 2019

著作权合同登记图字：09-2020-282号

责任编辑：崔　莉
封面设计：朱云雁

书　　名：	托马斯·曼胶囊传
作　　者：	[美]赫伯特·莱纳特 [美]伊娃·韦塞尔
译　　者：	黄兰花
出　　版：	上海世纪出版集团　上海文艺出版社
地　　址：	上海市闵行区号景路159弄A座2楼 201101
发　　行：	上海文艺出版社发行中心
	上海市闵行区号景路159弄A座2楼206室 201101 www.ewen.co
印　　刷：	浙江中恒世纪印务有限公司
开　　本：	787×1092　1/32
印　　张：	7
插　　页：	3
字　　数：	91,000
印　　次：	2025年7月第1版　2025年7月第1次印刷
ISBN：	978-7-5321-8890-1/K.482
定　　价：	55.00元
告 读 者：	如发现本书有质量问题请与印刷厂质量科联系　T:0571-88855633

I 知人
Icons

知人系列

爱伦·坡：有一种发烧叫活着
塞林格：艺术家逃跑了
梵高：一种力量在沸腾
卢西安·弗洛伊德：眼睛张大点
阿尔弗雷德·希区柯克：他知道得太多了
大卫·林奇：他来自异世界
汉娜·阿伦特：活在黑暗时代

弗吉尼亚·伍尔夫
伊夫·克莱因
伦纳德·伯恩斯坦
兰波
塞缪尔·贝克特
约瑟夫·博伊斯
贝托尔特·布莱希特
德里克·贾曼
康斯坦丁·布朗库西

香奈儿胶囊传

托马斯·曼胶囊传

斯特拉文斯基胶囊传

雨果胶囊传

（即将推出）

麦尔维尔胶囊传

三岛由纪夫胶囊传

爱森斯坦胶囊传

马拉美胶囊传

欧姬芙胶囊传

克尔凯郭尔胶囊传

聂鲁达胶囊传